U0081669

心一堂術數古籍珍本叢刊

書名：紫微斗數宣微（一集）附勘誤表（未刪改足本）
系列：心一堂術數古籍珍本叢刊　星命類　紫微斗數系列　第一輯　4
作者：【民國】王裁珊
主編、責任編輯：陳劍聰
心一堂術數古籍珍本叢刊編校小組：陳劍聰　素聞　鄒偉才　虛白盧主　丁鑫華

出版：心一堂有限公司
通訊地址：香港九龍旺角彌敦道六一〇號荷李活商業中心十八樓〇五—〇六室
深港讀者服務中心·中國深圳市羅湖區立新路六號羅湖商業大廈負一層〇〇八室
電話號碼：(852)9027-7110
網址：publish.sunyata.cc
電郵：sunyatabook@gmail.com
網店：http://book.sunyata.cc
淘寶店地址：https://sunyata.taobao.com
微店地址：https://weidian.com/s/1212826297
臉書：https://www.facebook.com/sunyatabook
讀者論壇：http://bbs.sunyata.cc/

版次：二零二一年五月初版
平裝

定價：港幣　九十八元正
　　　新台幣　三百九十八元正

國際書號：ISBN 978-988-8583-83-6

版權所有　翻印必究

香港發行：香港聯合書刊物流有限公司
地址：香港新界荃灣德士古道二二〇—二四八號荃灣工業中心十六樓
電話號碼：(852)2150-2100
傳真號碼：(852)2407-3062
電郵：info@suplogistics.com.hk
網址：http://www.suplogistics.com.hk

台灣發行：秀威資訊科技股份有限公司
地址：台灣台北市內湖區瑞光路七十六巷六十五號一樓
電話號碼：+886-2-2796-3638
傳真號碼：+886-2-2796-1377
網絡書店：www.bodbooks.com.tw
台灣秀威書店讀者服務中心：
地址：台灣台北市中山區松江路二〇九號一樓
電話號碼：+886-2-2518-0207
傳真號碼：+886-2-2518-0778
網絡書店：http://www.govbooks.com.tw

中國大陸發行　零售：深圳心一堂文化傳播有限公司
深圳地址：深圳市羅湖區立新路六號羅湖商業大廈負一層〇〇八室
電話號碼：(86)0755-82224934

心一堂微店二維碼

心一堂淘寶店二維碼

心一堂術數古籍 珍本 整理 叢刊 總序

術數定義

術數，大概可謂以「推算（推演）、預測人（個人、群體、國家等）、事、物、自然現象、時間、空間方位等規律及氣數，並或通過種種『方術』，從而達致趨吉避凶或某種特定目的」之知識體系和方法。

術數類別

我國術數的內容類別，歷代不盡相同，例如《漢書・藝文志》中載，漢代術數有六類：天文、曆譜、五行、蓍龜、雜占、形法。至清代《四庫全書》，術數類則有：數學、占候、相宅相墓、占卜、命書、相書、陰陽五行、雜技術等，其他如《後漢書・方術部》、《藝文類聚・方術部》、《太平御覽・方術部》等，對於術數的分類，皆有差異。古代多把天文、曆譜、及部分數學均歸入術數類，而民間流行亦視傳統醫學作為術數的一環；此外，有些術數與宗教中的方術亦往往難以分開。現代民間則常將各種術數歸納為五大類別：命、卜、相、醫、山，通稱「五術」。

本叢刊在《四庫全書》的分類基礎上，將術數分為九大類別：占筮、星命、相術、堪輿、選擇、三式、讖諱、理數（陰陽五行）、雜術（其他）。而未收天文、曆譜、算術、宗教方術、醫學。

術數思想與發展——從術到學，乃至合道

我國術數是由上古的占星、卜筮、形法等術發展下來的。其中卜筮之術，是歷經夏商周三代而通過「龜卜、蓍筮」得出卜（筮）辭的一種預測（吉凶成敗）術，之後歸納並結集成書，此即現傳之《易

經》。經過春秋戰國至秦漢之際，受到當時諸子百家的影響、儒家的推祟，遂有《易傳》等的出現，原本是卜筮術書的《易經》，被提升及解讀成有包涵「天地之道（理）」之學。因此，《易・繫辭傳》曰：「易與天地準，故能彌綸天地之道。」

漢代以後，易學中的陰陽學說，與五行、九宮、干支、氣運、災變、律曆、卦氣、讖緯、天人感應說等相結合，形成易學中象數系統。而其他原與《易經》本來沒有關係的術數，如占星、形法、選擇，亦漸漸以易理（象數學說）為依歸。《四庫全書・易類小序》云：「術數之興，多在秦漢以後。要其旨，不出乎陰陽五行，生尅制化。實皆《易》之支派，傅以雜說耳。」至此，術數可謂已由「術」發展成「學」。

及至宋代，術數理論與理學中的河圖洛書、太極圖、邵雍先天之學及皇極經世等學說給合，通過術數以演繹理學中「天地中有一太極，萬物中各有一太極」（《朱子語類》）的思想。術數理論不單已發展至十分成熟，而且也從其學理中衍生一些新的方法或理論，如《梅花易數》、《河洛理數》等。

在傳統上，術數功能往往不止於僅僅作為趨吉避凶的方術，及「能彌綸天地之道」的學問，亦有其「修心養性」的功能，「與道合一」（修道）的內涵。《素問・上古天真論》：「上古之人，其知道者，法於陰陽，和於術數。」數之意義，不單是外在的算數、歷數、氣數，而是與理學中同等的「道」、「理」--心性的功能，北宋理氣家邵雍對此多有發揮：「聖人之心，是亦數也」、「萬化萬事生乎心」、「心為太極」。《觀物外篇》：「先天之學，心法也。……蓋天地萬物之理，盡在其中矣，心一而不分，則能應萬物。」反過來說，宋代的術數理論，受到當時理學、佛道及宋易影響，認為心性本質上是等同天地之太極。天地萬物氣數規律，能通過內觀自心而有所感知，即是內心也已具備有術數的推演及預測、感知能力；相傳是邵雍所創之《梅花易數》，便是在這樣的背景下誕生。

《易・文言傳》已有「積善之家，必有餘慶；積不善之家，必有餘殃」之說，至漢代流行的災變說及讖緯說，我國數千年來都認為天災，異常天象（自然現象），皆與一國或一地的施政者失德有關；下至家族、個人之盛衰，也都與一族一人之德行修養有關。因此，我國術數中除了吉凶盛衰理數之外，人心的德行修養，也是趨吉避凶的一個關鍵因素。

術數與宗教、修道

在這種思想之下，我國術數不單只是附屬於巫術或宗教行為的方術，又往往是一種宗教的修煉手段--通過術數，以知陰陽，乃至合陰陽（道）。「其知道者，法於陰陽，和於術數。」例如，「奇門遁甲」術中，即分為「術奇門」與「法奇門」兩大類。「法奇門」中有大量道教中符籙、手印、存想、內煉的內容，是道教內丹外法的一種重要外法修煉體系。甚至在雷法一系的修煉上，亦大量應用了術數內容。此外，相術、堪輿術中也有修煉望氣（氣的形狀、顏色）的方法；堪輿家除了選擇陰陽宅之吉凶外，也有道教中選擇適合修道環境（法、財、侶、地中的地）的方法，以至通過堪輿術觀察天地山川陰陽之氣，亦成為領悟陰陽金丹大道的一途。

易學體系以外的術數與的少數民族的術數

我國術數中，也有不用或不全用易理作為其理論依據的，如揚雄的《太玄》、司馬光的《潛虛》。也有一些占卜法、雜術不屬於《易經》系統，不過對後世影響較少而已。

外來宗教及少數民族中也有不少雖受漢文化影響（如陰陽、五行、二十八宿等學說。）但仍自成系統的術數，如古代的西夏、突厥、吐魯番等占卜及星占術，藏族中有多種藏傳佛教占卜術、苯教占卜術、擇吉術、推命術、相術等；北方少數民族有薩滿教占卜術；不少少數民族如水族、白族、布朗族、佤族、彝族、苗族等，皆有占雞（卦）草卜、雞蛋卜等術，納西族的占星術、占卜術，彝族畢摩的推命術、占卜術……等等，都是屬於《易經》體系以外的術數。相對上，外國傳入的術數以及其理論，對我國術數影響更大。

曆法、推步術與外來術數的影響

我國的術數與曆法的關係非常緊密。早期的術數中，很多是利用星宿或星宿組合的位置（如某星在某州或某宮某度）付予某種吉凶意義，并據之以推演，例如歲星（木星）、月將（某月太陽所躔之宮次）等。不過，由於不同的古代曆法推步的誤差及歲差的問題，若干年後，其術數所用之星辰的位置，已與真實星辰的位置不一樣了；此如歲星（木星），早期的曆法及術數以十二年為一周期（以應地支），與木星真實周期十一點八六年，每幾十年便錯一宮。後來術家又設一「太歲」的假想星體來解決，是歲星運行的相反，週期亦剛好是十二年。而術數中的神煞，很多即是根據太歲的位置而定。又如六壬術中的「月將」，原是立春節氣後太陽躔娵訾之次而稱作「登明亥將」，至宋代，因歲差的關係，要到雨水節氣後太陽才躔娵訾之次，當時沈括提出了修正，但明清時六壬術中「月將」仍然沿用宋代沈括修正的起法沒有再修正。

由於以真實星象周期的推步術是非常繁複，而且古代星象推步術本身亦有不少誤差，大多數術數除依曆書保留了太陽（節氣）、太陰（月相）的簡單宮次計算外，漸漸形成根據干支、日月等的各自起例，以起出其他具有不同含義的眾多假想星象及神煞系統。唐宋以後，我國絕大部分術數都主要沿用這一系統，也出現了不少完全脫離真實星象的術數，如《子平術》、《紫微斗數》、《鐵版神數》等。後來就連一些利用真實星辰位置的術數，如《七政四餘術》及選擇法中的《天星選擇》，也已與假想星象及神煞混合而使用了。

隨着古代外國曆（推步）、術數的傳入，如唐代傳入的印度曆法及術數，元代傳入的回回曆等，其中我國占星術便吸收了印度占星術中羅睺星、計都星等而形成四餘星，又通過阿拉伯占星術而吸收了其中來自希臘、巴比倫占星術的黃道十二宮、四大（四元素）學說（地、水、火、風），並與我國傳統的二十八宿、五行說、神煞系統並存而形成《七政四餘術》。此外，一些術數中的北斗星名，不用我國傳統的星名：天樞、天璇、天璣、天權、玉衡、開陽、搖光，而是使用來自印度梵文所譯的：貪狼、巨門、祿存、文曲，廉貞、武曲、破軍等，此明顯是受到唐代從印度傳入的曆法及占星術所影響。如星命術中的《紫微斗數》及堪輿術中的《撼龍經》等文獻中，其星皆用印度譯名。及至清初《時憲曆》，置閏之法則改用西法「定氣」。清代以後的術數，又作過不少的調整。

此外，我國相術中的面相術、手相術，唐宋之際受印度相術影響頗大，至民國初年，又通過翻譯歐西、日本的相術書籍而大量吸收歐西相術的內容，形成了現代我國坊間流行的新式相術。

陰陽學——術數在古代、官方管理及外國的影響

術數在古代社會中一直扮演着一個非常重要的角色，影響層面不單只是某一階層、某一職業、某一年齡的人，而是上自帝王，下至普通百姓，從出生到死亡，不論是生活上的小事如洗髮、出行等，大事如建房、入伙、出兵等，從個人、家族以至國家，從天文、氣象、地理到人事、軍事，從民俗、學術到宗教，都離不開術數的應用。我國最晚在唐代開始，已把以上術數之學，稱作陰陽（學），行術數者稱陰陽人。（敦煌文書、斯四三二七唐《師師漫語話》：「以下說陰陽人謾語話」，此說法後來傳入日本，今日本人稱行術數者為「陰陽師」）。一直到了清末，欽天監中負責陰陽術數的官員中，以及民間術數之士，仍名陰陽生。

古代政府的中欽天監（司天監），除了負責天文、曆法、輿地之外，亦精通其他如星占、選擇、堪輿等術數，除在皇室人員及朝庭中應用外，也定期頒行日書、修定術數，使民間對於天文、日曆用事吉凶及使用其他術數時，有所依從。

我國古代政府對官方及民間陰陽學及陰陽官員，從其內容、人員的選拔、培訓、認證、考核、律法監管等，都有制度。至明清兩代，其制度更為完善、嚴格。

宋代官學之中，課程中已有陰陽學及其考試的內容。（宋徽宗崇寧三年〔一一零四年〕崇寧算學令：「諸學生習……並曆算、三式、天文書。」「諸試……三式即射覆及預占三日陰陽風雨。天文即預

定一月或一季分野災祥，並以依經備草合問為通。」

金代司天臺，從民間「草澤人」（即民間習術數人士）考試選拔：「其試之制，以《宣明曆》試推步，及《婚書》、《地理新書》試合婚、安葬，並《易》筮法，六壬課、三命、五星之術。」（《金史》卷五十一・志第三十二・選舉一）

元代為進一步加強官方陰陽學對民間的影響、管理、控制及培育，除沿襲宋代、金代在司天監掌管陰陽學及中央的官學陰陽學課程之外，更在地方上增設陰陽學課程（《元史・選舉志一》：「世祖至元二十八年夏六月始置諸路陰陽學。」）地方上也設陰陽學教授員，培育及管轄地方陰陽人。（《元史・選舉志一》：「（元仁宗）延祐初，令陰陽人依儒醫例，於路、府、州設教授員，凡陰陽人皆管轄之，而上屬於太史焉。」）自此，民間的陰陽術士（陰陽人），被納入官方的管轄之下。

至明清兩代，陰陽學制度更為完善。中央欽天監掌管陰陽學，明代地方縣設陰陽學正術，各州設陰陽學典術，各縣設陰陽學訓術。陰陽人從地方陰陽學肄業或被選拔出來後，再送到欽天監考試。（《大明會典》卷二二三：「凡天下府州縣舉到陰陽人堪任正術等官者，俱從吏部送（欽天監），考中，送回選用；不中者發回原籍為民，原保官吏治罪。」）清代大致沿用明制，凡陰陽術數之流，悉歸中央欽天監及地方陰陽官員管理、培訓、認證。至今尚有「紹興府陰陽印」、「東光縣陰陽學記」等明代銅印，及某某縣某某之清代陰陽執照等傳世。

清代欽天監漏刻科對官員要求甚為嚴格。《大清會典》「國子監」規定：「凡算學之教，設肄業生。滿洲十有二人，蒙古、漢軍各六人，於各旗官學內考取。漢十有二人，於舉人、貢監生童內考取。附學生二十四人，由欽天監選送。教以天文演算法諸書，五年學業有成，舉人引見以欽天監博士用，貢監生童以天文生補用。」學生在官學肄業、貢監生肄業或考得舉人後，經過了五年對天文、算法、陰陽學的學習，其中精通陰陽術數者，會送往漏刻科。而在欽天監供職的官員，《大清會典則例》「欽天監」規定：「本監官生三年考核一次，術業精通者，保題升用。不及者，停其升轉，再加學習。如能黽勉供職，即予開復。仍不及者，降職一等，再令學習三年，能習熟者，准予開復，仍不能者，黜退。」除定期考核以定其升用降職外，《大清律例》中對陰陽術士不準確的推斷（妄言禍福）是要治罪的。《大清律例．一七八．術七．妄言禍福》：「凡陰陽術士，不許於大小文武官員之家妄言禍福，違者杖一百。其依經推算星命卜課，不在禁限。」大小文武官員延請的陰陽術士，自然是以欽天監漏刻科官員或地方陰陽官員為主。

官方陰陽學制度也影響鄰國如朝鮮、日本、越南等地，一直到了民國時期，鄰國仍然沿用着我國的多種術數。而我國的漢族術數，在古代甚至影響遍及西夏、突厥、吐蕃、阿拉伯、印度、東南亞諸國。

術數研究

術數在我國古代社會雖然影響深遠，「是傳統中國理念中的一門科學，從傳統的陰陽、五行、九宮、八卦、河圖、洛書等觀念作大自然的研究。……傳統中國的天文學、數學、煉丹術等，要到上世紀中葉始受世界學者肯定。可是，術數還未受到應得的注意。術數在傳統中國科技史、思想史，文化史、社會史，甚至軍事史都有一定的影響。……更進一步了解術數，我們將更能了解中國歷史的全貌。」（何丙郁《術數、天文與醫學中國科技史的新視野》，香港城市大學中國文化中心。）

可是術數至今一直不受正統學界所重視，加上術家藏秘自珍，又揚言天機不可洩漏，「（術數）乃吾國科學與哲學融貫而成一種學說，數千年來傳衍嬗變，或隱或現，全賴一二有心人為之繼續維繫，賴以不絕，其中確有學術上研究之價值，非徒癡人說夢，荒誕不經之謂也。其所以至今不能在科學中成立一種地位者，實有數因。蓋古代士大夫階級目醫卜星相為九流之學，多恥道之；而發明諸大師又故為惝恍迷離之辭，以待後人探索；間有一二賢者有所發明，亦秘莫如深，既恐洩天地之秘，復恐譏為旁門左道，始終不肯公開研究，成立一有系統說明之書籍，貽之後世。故居今日而欲研究此種學術，實一極困難之事。」（民國徐樂吾《子平真詮評註》，方重審序）

現存的術數古籍，除極少數是唐、宋、元的版本外，絕大多數是明、清兩代的版本。其內容也主要是明、清兩代流行的術數，唐宋或以前的術數及其書籍，大部分均已失傳，只能從史料記載、出土文獻、敦煌遺書中稍窺一鱗半爪。

術數版本

坊間術數古籍版本，大多是晚清書坊之翻刻本及民國書賈之重排本，其中豕亥魚魯，或任意增刪，往往文意全非，以至不能卒讀。現今不論是術數愛好者，還是民俗、史學、社會、文化、版本等學術研究者，要想得一常見術數書籍的善本、原版，已經非常困難，更遑論如稿本、鈔本、孤本等珍稀版本。在文獻不足及缺乏善本的情況下，要想對術數的源流、理法、及其影響，作全面深入的研究，幾不可能。

有見及此，本叢刊編校小組經多年努力及多方協助，在海內外搜羅了二十世紀六十年代以前漢文為主的術數類善本、珍本、鈔本、孤本、稿本、批校本等數百種，精選出其中最佳版本，分別輯入兩個系列：

一、心一堂術數古籍珍本叢刊

二、心一堂術數古籍整理叢刊

前者以最新數碼（數位）技術清理、修復珍本原本的版面，更正明顯的錯訛，部分善本更以原色彩色精印，務求更勝原本。并以每百多種珍本、一百二十冊為一輯，分輯出版，以饗讀者。後者延請、稿約有關專家、學者，以善本、珍本等作底本，參以其他版本，古籍進行審定、校勘、注釋，務求打造一最善版本，方便現代人閱讀、理解、研究等之用。

限於編校小組的水平，版本選擇及考證、文字修正、提要內容等方面，恐有疏漏及舛誤之處，懇請方家不吝指正。

心一堂術數古籍　珍本　整理　叢刊編校小組

二零零九年七月序

二零一四年九月第三次修訂

紫微斗數宣微

一

乙亥立冬節

斗數宣微

果園居士題

紫微斗數宣微上卷目錄

紫微斗數勘誤表

本	目錄	第幾頁	第幾行	第幾字	誤	正
一	希夷先生傳		前十行	二十四	曰	白
	問答二十四條	一八	後十行	十五	所	以
	仝	仝	後十一行	十一	戊	午
	仝	一九	前四行	四	若	能
	雜論十則	二一	前二行	二十九	武字下	加曲字
	今八命格	二三	後十三行	十九	甲戌	乙亥
	仝	三三	後二十五行	八	是	見

希夷先生傳

陳摶字圖南號扶搖子亳州眞源人初生不能言至四五歲戲渦水水濱有青衣媼引置懷中乳之卽能言敏悟過人及長經史一覽無遺先生曰向所學但足記姓名而已吾將遊泰山與安期黃石輩論出世法安能與世脂韋汨沒出入生死輪迴間哉乃盡散家業惟攜一石鐺而去梁唐士大夫挹其清風得識其面如覩景星慶雲然先生皆莫與交唐明宗親爲手詔召之先生至長揖不拜明宗待之愈謹以宮女三人賜先生先生賦詩謝曰雪爲肌體玉爲腮多謝君王送得來處士不興巫峽夢空煩雲雨下陽臺遂遯去隱武當山九石巖服氣辟穀凡二十餘年復移居華山時年已七十餘矣常閉門臥累月不起周世宗顯德中有樵於山麓見遺骸生塵迫而視之乃先生也良久起曰睡酣奚爲擾我後世宗召見賜號曰雲先生一日乘驢遊華陰聞宋太祖登極拍掌大笑曰天下自此定矣太祖召不至再召辭曰九重仙詔休敎丹鳳銜來一片野心已被白雲留住太宗初年始赴召惟求一靜室乃賜居於建隆觀扃戶熟寐月餘方起辭去賜號希夷先生一日遣門人鑿石室於張超谷既成先生往造之曰吾其歸於此乎遂以左手支頤而終七日容色不變肢體尙溫有

五色雲封谷口彌月不散年一百一十八歲初兵紛時太祖之母挑太祖太宗於藍以避亂先生遇之卽吟曰莫道當今無天子却將天子上擔挑又遇太祖太宗與趙普遊長安市入酒肆普坐太祖太宗之右先生曰汝紫微垣一小星爾輒處上次可乎种放初從先生先生曰汝當逢明主名馳海內但惜天地間無完名子名將起必有物敗之可戒也放晚年竟喪清節皆如其言有郭沆者少居華陰嘗宿觀下中夜先生呼令速歸且與之俱往一二里許有人號呼報其母卒先生因遺以藥使急去可救既至灌其藥遂甦華陰令王睦謂先生曰先生居溪巖寢止何室先生且笑且吟曰華山高處是吾宮出卽凌空跨曉風臺榭不將金鎖閉來時自有白雲封一日有一客過訪先生適値其睡見傍有一異人聽其息聲以黑筆記之滿紙糊塗莫辨客怪而問之其人曰此先生華胥調混沌譜也先生嘗遇毛女毛女贈之詩詩云藥苗不滿笥又更上危巔回指歸去路相將入翠烟太宗聞先生善相人遣詣南衙見眞宗及門亟還問其故曰廝役皆將相也何必見王於是建儲之議遂定先生以易數授穆伯長穆授李挺之李授邵康節以象學授种放放授盧江許堅堅授范諤至今糟粕猶存也

爲觀雲主人斗數宣微贅言

凡物有對待卽有數。數說始於易。謂天地之數。趣吉避凶者是。又謂知進退存亡不失其正。則吉不必謂福。凶不必謂禍。樂天知命。素位而行。斯謂之君子。道之行廢命也。公伯寮如命何。儒者固顯言命。然行、廢命。云何行廢、則數。故知命者當知數。命數學無涯。其一爲紫微斗數。聞傳自先天演卦華山處士陳希夷。是法易學難精。觀雲主人嫻之久。獨多心悟。著書發微。言多奇闢。猶自謂粗疏。不敢問世。或慫以以文會友借助他山。則欣付手民。書成顧予欲一言。予誠有不能已於言者。書以質觀雲。且告讀此書者。一、學命數者當知安命造命。救弊補偏。釋回增美。一、當知萬物一體。淸濁同源。見人得失如己得失。隱惡揚善。因病施藥。一、數學繁賾。毫釐千里。當自虛心。不可自是。一、知進退存亡不失其正。財毋苟得。難毋苟免。不眦近利。冤後惡因。一凡不驗。因日時不準。五運異宜。推算有誤。歌訣不熟。抉擇不精。折兌不準。運化不靈。心有偏向。鬼神主使。自己親屬善惡轉變。一、星盤如豫算。現實如決算。變數小易大難。一、人心如日。運如火鏡。命如艾。三合火生。無日不出火。無鏡不引火。無艾火不然。故心空無數。心變轉數。一生死前定。忠奸在人。流芳千古。遺臭萬年。自餘類推。善擇所處。一、數每不齊。各有所爲。天挺命世。尙難全備。以錯綜故。澄觀方了。一、天下身家。孰大孰小。萬世當時。孰長孰短。神識形骸。孰親孰疎。精妙麤濁。孰重孰輕。大任苦勞餓乏拂亂、凡民逸樂飽足宴安、孰取孰舍。一、君子問禍不問福。殷憂啓聖。爲他成美遏惡。廣種福田。一、此書引人入勝。初非定稿。世毋膠執。尙賜磋商。一、斗數詳者。聞有數十冊。願共蒐研。居易俟命。義標十三。以象成歲。乙亥立冬前三日西昌果圓居士

紫微斗數命理宣微序

紫微斗數一書。爲五代時陳希夷先生所著。與徐子平同時友善。淵海子平地理醫相等書。皆有所論。考斗數講命。分五局。本於河圖。兼有先天八卦。切於後天八卦。用水火既濟未濟。判斷吉凶。以鬼谷納音由命垣定局佈星。頗切人事。而天地之妙。亦存乎其中矣。惜少深求之士。每多以游戲視之耳。余友王君栽珊。性穎悟。喜讀書。博覽群籍。酷嗜命理。於斗數一書。頗詣旨趣。引申舊說。參考實驗。凡原書脫落訛字諸病。均經悉心訂正。析其是非。尤能秉其心得。判人休咎。無不中的。又從談命之外。洞澈陰陽二宅之吉凶。人生隱微瑣細之得失。更瞭如指掌矣。是集著述。闡明奧理。頓見眞機。雖筆意詳略不同。或互文見意。或比類相彤。因此悟彼。見微知著。得於語言文字之外者。斗數原論。言有未盡。法有未傳。均能發古人之秘旨。開後人之法門。可爲希夷功臣也。大明白玉蟾先生。曾有發微等著。而此媲美於後矣。學斗數者得斯。亦可作南針一助云爾。

民國戊辰年暮春之初序於京師援古證今室北平孫光輔撰

斗數宣微一得之見啓言

余喜研究命理之學。子平一書。以八字分四柱。論榮枯吉凶暗藏。變化莫測。實難入其堂奧。斗數一書。以十二宮佈群星。判休咎禍福昭然。好惡分淸。尙易求其精微。玆按斗數書中所載。考諸事實。頗有效驗者。披露一二。惟書內間有混合。多有不能强解者。本擬徵諸　高明。不期朋好。反來質問。亦有不能强對者。謹將拙見所及。不揣譾陋。答諸於後。是否合宜。務祈

高明匡正是幸。

書旨

此書之本旨。緣由人心惟危。道心惟微。惟精惟一。允執厥中。十六字眞言立意。復以陳希夷先生所著。飛星紫微斗數之法。並宣其微。故曰命理宣微。因希夷先生不誇丹道。守正懷奇。對於易理地理醫相子平等書。皆有神妙獨到之訣。流傳至今。普利人天。玄機一露。爲萬世法。然此書之宗旨。雖有一二發明。不敢獨祕。蓋欲吾人了解華山高臥之著。而師之者與。庚午秋八月栽珊識於觀雲艸堂

自序

命學之書。列強亦頗講求。吾國言命者。代不乏人。蓋命者天之所賦也。有一定不移之理。知命之有一定。當順時以受之。或居易以俟之。夫人生一世。斷然不能有盛無衰。亦不能有剝無復。如行路然。有坦途。有崎嶇。必爲吾人之經過。預知崎嶇。當由推命始。既知命矣。自能趨於坦途。免行多少崎嶇不平之路。所以斗數一書。爲知命者作。如性命之微。機遇之奇。或由困而亨。或自賤而貴。縷晰詳明。瞭如指掌。足見此書。闡發微妙。明心見性。有益於人事者。固非淺鮮。余愛之深。而信之篤。故將所問所答。以及著述雜論錄出。願質

同道者。共同考正焉。

中華民國十四年夏歷乙丑八月望日品石山房主人識

例言

一是書之發明。爲初學斗數者。易於入門。其安星各法。註解淸楚。而便分佈。

一斗數流行本種類不同。安星亦異。有失本旨。茲訂正星曜六十四位。以歸原制。

一書中辨正理由。皆載於廿四問答之內。一覽便知。

一申明書中意旨及占課用法。尚不止此。學者心領神會。當在言傳之外。

一列星論說。原書間有混合。茲從經驗得來。與事實有符合者。註入。故與原書不同。

一推陰陽二宅法。本從心得。繼之以經驗。試之有奇效。特列一門。以備堪輿家研究。

一雜論各條。係數十年經歷。參考屢試有驗。故特論之。以公同好。

一學斗數者。星曜不熟。自可按書查核。便明梗概。習之日久。自然貫通。

一著述本意。係屬提倡斗數命理。使人人欽於此術。爲宗旨。

一附子平預測妻妾子女法。不過有此設想。未敢斷其必然也。

一是集。注重初學。易於明瞭。取言簡意賅。文法譾陋。句讀俚俗。在所不計。識者諒之。

命理宣微總論

命理宣微。發源於陳希夷先生紫微斗數。雖係言命。而多根據理學。判定人事。以之研究。而輸入新知。與無可捉摸者迥異。尤非世之妄談休咎藉謀升斗者。所同日語也。斗數一書。相傳日久。好古之士。每多珍之。亦不過看成一種推命之作。多未究其至理。命者天之所賦於人也。推命者當以人事爲人定之。天有天之事。地有地之事。人有人之事。天事天文也。地事地理也。人事爲人一生之所遇也。凡人事之所有。皆與人生有最密切之關係。豈有講天文。察地理。而不知人事者乎。人事者卽命中之境遇。人事同而境遇不同也。孟子曰君子修身以俟命。又曰莫之爲而爲者天也。莫之致而致者命也。孔子曰道之將行也歟命也。道之將廢也歟命也。又云不知命無以爲君子也。孔孟皆以命字難違。是以後世碩學名儒。言之鑿鑿。法用雖不相同。皆爲萬古不磨之大典。與孔孟之學正同。際此文明時代。命理一道。已成專門之學。若風行一世。研究愈精。亦心理學之催眠術也。古有宅葬兩經之傳。故命理宣微有陰陽二宅之論。以決古今人之疑。余本由感受之理學發明。（其說有三吾人未生以前所感受者爲何既生以後所感受者爲何既死以後所感受者爲何）不必論人生之命强弱。便論人生之感受良與否。卽爲一種新科學。自無懷疑之餘地。除命學固有之外。世之欲占田宅坟塋。當於陰陽二宅論內求之。自能洞澈其精微。請閱者三復斯言。切勿河漢觀之。

金四局

巳：初六、十六、十九、二十五	午：初十、二十、二十三、二十九	未：十四、二十四、二十七	申：十八、二十八
辰：初二、十二、十五、二十一	紫微金宮四歲行 初一尋猪二歲龍 順進二步逆退一	先陰後陽是其宮 惟有初二辰上起 進三退四逆行踪	酉：二十二
卯：初八、十一、十七			戌：二十六
寅：初四、初七、十三	丑：初三、初九	子：初五	亥：初一、三十

金局因納音論
甲子乙丑海中金
甲午乙未沙中金
壬申癸酉劍鋒金
壬寅癸卯金箔金
庚辰辛巳白蠟金
庚戌辛亥釵釧金
自寅宮納音數
起數至命宮遇
此六金卽爲金
局尋日安紫微
可也

木三局

初四 十二 十四 **巳**	初七 十五 十七 **午**	初十 十八 二十 **未**	十三 二十一 二十三 **申**
初一 初九 十一 **辰**	生逢木宮三歲遊 初一騎龍初二牛 逆進二宮安二日 順回四步一辰求	順二回宮牛頭地 逆進二步二辰儔	十六 二十四 二十六 **酉**
初六 初八 **卯**			二十九 十九 二十七 **戌**
初三 初五 **寅**	初二 二十八 **丑**	二十五 **子**	二十二 三十 **亥**

木局因納音論
戊辰己巳大林木
戊戌己亥平地木
壬午癸未楊柳木
壬子癸丑桑柘木
庚寅辛卯松柏木
庚申辛酉石榴木
亦自寅宮順數
如前定局宮中
所載日期看命
即在局中尋本
人生日上安紫
微

水二局

巳 初八 初九	午 初十 十一	未 十二 十三	申 十四 十五
辰 初六 初七 三十	坎水宮中二歲行 初一起丑初二寅 順行一步進一日 陰陽雖異行則同		酉 十六 十七
卯 初四 初五 二十八 二十九			戌 十八 十九
寅 初二 初三 二十六 二十七	丑 初一 二十四 二十五	子 二十二 二十三	亥 二十 二十一

水局因納音論
丙子丁丑澗下水
丙午丁未天河水
甲申乙酉泉中水
甲寅乙卯大溪水
壬辰癸巳長流水
壬戌癸亥大海水
亦自寅宮順數
至命宮遇此內
納音卽爲水二
局按日安紫微

火六局

巳	午	未	申
初十 二十四 二十九	初二 十六 三十	初八 二十二	十四 二十八
辰 初四 十八 二十三	離火宮中六歲知 初二騎馬初一雞 進二退二各一日 逆回三步尋生期 另有初二各其位 先陽順行逆退之 退二安一退二日 順進五宮是其基		**酉** 初一 二十
卯 十二 十七 二十七			**戌** 初七 二十六
寅 初六 十一 二十一	**丑** 初五 十五 二十五	**子** 初九 十九	**亥** 初三 十三

火局因納音論
丙寅丁卯爐中火
丙申丁酉山下火
甲戌乙亥山頭火
甲辰乙巳覆燈火
戊子己丑霹靂火
戊午己未天上火
其定局之法如前註見之極詳明者審而察之自然貫通其理也

土五局

巳：初八 二十 二十四	午：初一 十三 二十五 二十九	未：初六 十八 三十	申：十一 二十三
辰：初三 十五 十九 二十七	戊土五歲居其中 初一午上二亥宮 逆行三宮安一日 惟有九日不能同 二宮一日順二次 退二三次又逆從 惟有六日先正位 逢四對宮去尋踪		酉：十六 二十八
卯：初十 二十二 十四			戌：二十一
寅：初五 初九 十七	丑：初四 十二	子：初七	亥：初二 二十六

土局因納音論
庚午辛未路傍土
庚子辛丑壁上土
戊寅己卯城頭土
戊申己酉大驛土
丙戌丁亥屋上土
丙辰丁巳沙中土
其法如前但局內口訣學者不省不必用他只按五局所載日期尋本人生日在何宮卽于本宮安紫微

安身命例○凡看命俱從寅上起正月。順數至本人生月止。又自本生月上起子時。逆數至本人生時安命。又於生月之上起子時。順數至本人生時安身。假如正月子時生。就在寅宮安命身。丑時則逆轉丑宮安命。再順去卯宮安身。寅時則逆轉子宮安命。順至辰宮安身。餘宮倣此。又如閏正月生者。十五日以前作正月看。十五日以後。作二月看。凡有閏月俱依此爲例。或遇閏月。卽以下月定之可也。納音甲子歌。務要熟讀。就如甲年生安命在寅。却按甲己之年起丙寅丙寅丁卯爐中火。就去火局尋某日期。起紫微星。如是正月初一日生者。是火局酉宮有初一日。就從酉宮起紫微。庶無差悞若錯了。則差之毫釐。失之千里矣。納音甲子歌。在前面五局內尋之可也。

每年正月建寅。二月建卯。三月建辰。四月建巳。五月建午。六月建未。七月建申。八月建酉。九月建戌。十月建亥。十一月建子。十二月建丑。一律順行。查看曆書便明。

安十二宮例○一命垣。二兄弟。三妻妾。四子女。五財帛。六疾厄。七遷移。八奴僕。九官祿。十田宅。十一福德。十二父母。○如是女命。妻妾宮改爲夫主宮可也。

起五寅例○甲己之歲起丙寅。乙庚之歲起戊寅。丙辛之歲起庚寅。丁壬之歲起壬寅。戊癸之歲起甲寅。

安天府例○須查紫微。再安天府。惟寅申二宮。紫微天府同宮。餘宮俱各斜塡作對。假如紫在子。府在辰。紫在丑。府在卯。紫在卯。府在丑。紫在辰。府在子。紫在巳。府在亥。紫在午。府在戌。紫在未。府在酉。紫在酉。府在未。紫在戌。府在午。紫在亥。府在巳。或有不明。可查後邊命格對之便知。

佈紫微訣○紫微天機星逆行。隔一陽武天同情。又隔二位廉貞第。空三便是紫微星。

假如紫微在寅宮。則逆行丑宮安天機。隔子宮一位。亥宮安太陽。戌宮安武曲。酉宮安天同。又隔申宮未宮二位。至午宮安廉貞。又空巳辰卯三位。便見寅宮紫微星矣。餘倣此安。

佈天府訣○天府太陰順貪狼。巨門天相與天梁。七煞空三破軍位。隔宮望見天府鄉。

假如天府在寅宮。則順行卯宮安太陽。辰宮安貪狼。巳宮安巨門。午宮安天相。未宮安天梁。申宮安七殺。隔酉戌亥三宮。在子宮安破軍。隔丑一位。便是寅宮天府星也。餘並倣此。

佈六助星訣○辰上順正尋左輔。戌上逆正右弼當。辰上順時尋文曲。戌上逆時覔文昌。亥上子時順安劫。逆行便是地空亡。數至生月生時住。十二宮中仔細詳。

凡命不拘男女。辰宮起正月。順數至本人生月。安左輔。戌宮起正月。逆數至本人生月。安右弼。假如正月生人。卽在辰宮安左輔。戌宮安右弼。餘倣此。

安昌曲二星。亦不拘男女。辰宮起子時。順數至本人生時安文曲。戌宮起子時。逆數至本人生時安文昌。假如子時生人。卽在辰宮安文曲。戌宮安文昌。如丑時生人。則自辰宮順行巳宮安文曲。自戌宮逆行酉宮安文曲。餘倣此。

安劫空二星。亦不問男女。俱在亥宮起子。順數至本人生時安地劫。再由亥宮起子。逆數至本人生時安地空。

安祿權科忌四化訣◯甲廉破武陽爲伴。乙機梁紫月交侵。丙同機昌廉貞位。丁月同機巨門尋。戊貪月弼機爲主。己武貪梁曲最平。庚日武陰同爲首。辛巨陽曲昌曜臨。壬梁紫左武宿是。癸破巨陰貪狠停。

凡命不問男女。但甲年生人。則廉貞下安祿。破軍下安權。武曲下安科。太陽下安忌。又如命屬乙年生人。則天機下安祿。天梁下安權。紫微下安科。太陰下安忌。餘倣此。

安天傷天使訣◯命後六位爲天使。命前六位爲天傷。大限相逢遇小限。此星乃是活閻王。

此以命宮爲主。假如命立寅宮。則後六位在酉。卽酉宮安天使。前六位在未。卽未宮安天傷。餘倣此。

安天魁天鉞訣〇甲戊庚牛羊。乙己鼠猴鄉。丙丁猪鷄位。壬癸兔蛇藏。六辛逢馬虎。此是貴人鄉。

此不拘男女命。俱以生年十干爲主。假如甲戊庚三年生人。則丑宮安天魁。未宮安天鉞。又如乙己二年生人。則子宮安天魁。申宮安天鉞。餘皆倣此。

安祿存羊陀訣〇甲祿到寅宮。乙祿居卯府。丙戊祿在巳。丁己祿居午。庚祿定居申。辛祿酉上補。壬祿亥中藏。癸祿居在子。祿前一位羊刃當。祿後一位陀羅苦。羊刃卽擎羊也。

凡命俱以生年十干爲主。假如甲生人。寅宮安祿存。乙生人卯宮安祿存。餘倣此。假如祿存在寅。則於前一位卯宮安羊刃。後一位丑宮安陀羅。又如祿存在卯。則於前一位辰宮安羊刃。後一位寅宮安陀羅。餘倣此。

安火鈴星訣〇寅午戌人丑卯方。申子辰人寅戌揚。巳酉丑人卯戌位。亥卯未人酉戌房。

凡命俱以生年十二支爲主。假如申子辰年子時生人。則自寅宮起子時。順數至本人生時安火星。自戌宮起子時。順數至本人生時安鈴星。假如甲申年丑時生人。則卯宮安火。亥宮安鈴。餘並倣此。

安天馬訣○申子辰人馬居寅。寅午戌人馬居申。亥卯未人馬居巳。巳酉丑人馬居亥。

凡命俱以生年十二支爲主。假如命屬申子辰年生人。則寅宮安天馬。餘並倣此。

安紅鸞天喜訣○紅鸞卯上子年起。逆行數至生年止。對宮卽是天喜星。運限命逢偏有喜。

凡命不問男女。俱自卯宮起子年。逆數至本人生年安紅鸞。對宮卽安天喜。假如甲子年生人。卽在卯宮安紅鸞。酉宮安天喜。如乙丑年生人。則逆行寅宮安紅鸞。申宮安天喜。

安天姚天刑訣○天姚丑上順正月。天刑酉上正月輪。數至生月皆住脚。便安刑姚二星辰。

假如正月生人。卽在丑宮安天姚。酉宮安天刑。如二月生人。自丑數至寅宮安姚。自酉數至戌宮安刑。餘並倣此。

安命主訣〇子屬貪狼丑亥門。寅戌生人屬祿存。卯酉屬文巳未武。辰申廉宿午破軍。

凡命俱以生年十二支爲主。假如命屬子年生。則貪狼爲命主星。如丑亥兩年生人則以巨門爲命主星。餘並倣此。

安身主訣〇子午生人鈴火宿。丑未天相寅申梁。卯酉天同身主是。巳亥天機辰戌昌。

此以生年十二支爲主。假如子年生人。則鈴爲身主。如丑未兩年生人。則天相爲身主。餘並倣此。

安三台八座星訣〇三台左輔順初一。數至生日是台宮。八座右弼逆初一。數至生日定其踪。
凡命俱以所定之左輔右弼二宮爲主。假如初五生人。左輔原在子宮。則自子宮起初一。順數至辰宮初五止。卽於辰宮安三台。又如初五生人原右弼在寅宮。則自寅宮起初一。逆數至戌宮初五止。卽于戌宮安八座。餘倣此。

安龍池鳳閣星訣〇龍池起子順行辰。生年便是福元眞。鳳閣戌上逆數子。遇至生年是吉神。

凡命不拘男女。俱以辰戌二宮爲主。假如甲子年生人。辰宮起子。卽安龍池。戌宮卽安鳳閣。如乙丑生人。則自辰宮起子年。順數至巳宮爲丑。卽安龍池。自戌宮起子年。逆數至酉宮爲丑。卽安鳳閣。餘倣此。

安天才天壽台輔封誥星訣〇命宮起子天才順。身宮起子天壽堂。曲前三位是台輔。曲後三位封誥鄉。

假如甲子生人。命立寅宮。則天才在寅。身立午宮。則天壽在午。如乙丑生人。命立寅宮。則自寅宮起子年。順數至卯宮爲丑。卽安天才。如身立午宮。則自午宮起子年。順數至未宮爲丑。卽安天壽。餘並倣此。

假如本命文曲在子宮。則前三位寅宮安台輔。後三位戌宮安封誥。餘倣此。但以文曲本宮數起。

安恩光天貴星訣○文昌順數至生日。退後一步是恩光。文曲順數至生日。退後一步天貴場。

假如初五日生人。本命文昌在子宮。則自子宮起初一。順數至辰宮爲初五。再退後一步爲卯宮。卽安恩光。如文曲在午宮。則自午宮起初一。順數至戌宮爲初五。再退後一步爲酉宮。卽安天貴。餘並倣此。

安天官星訣○甲未乙龍壬犬宜。丙蛇丁虎己辛雞。戊兔庚猪癸宜馬。其人貴顯可先知。

凡命俱以本命生年十干爲主。假如甲生人則未宮安天官。乙生人則辰宮安天官。餘倣此。

安天福星訣〇甲愛金雞乙愛猴。丁猪丙鼠己寅頭。戊尋玉兔庚壬馬。辛癸逢蛇爵祿優。

此以生年十干爲主。假如甲生人。則酉宮爲天福。乙生人則申宮安天福。餘倣此。

安天空訣〇駕前一位是天空。身命原來不可逢。二主祿存若値此。閻王不怕你英雄。

駕前謂太歲也。假如子年生人。則子宮安太歲。前一位丑宮。卽安天空。餘倣此。二主卽命主身主星是也。

安旬中空亡訣〇甲子旬中空戌亥。甲戌旬中空申酉。甲申旬中空午未。甲午旬中空辰巳。甲辰旬中空寅卯。甲寅旬中空子丑。

假如人命生年。自甲子乙丑至癸酉十年內生人。俱係甲子旬中。則戌亥二宮落空。餘同此推。

安截路空亡訣○甲己之歲空申酉。乙庚之歲午未求。丙辛生命空辰巳。丁壬寅卯最堪憂。戊癸生人空子丑。命犯空亡萬事休。

假如甲己生人則申酉二宮落空。又有正空傍空之說。如甲生人申爲正空酉爲傍空。如己生人酉爲正空申爲傍空。

安天哭天虛星訣○天哭天虛起午宮午宮起子兩分蹤。哭逆巳行虛順未。生年尋到便居中。

凡命俱以生年十二支爲主。假如辰年生人。則自午宮起子年。逆行巳宮至寅宮爲辰。便安天哭。又自午宮起子年。順行未宮至戌爲辰。便安天虛。餘倣此。如子年生人。卽在午宮安二星便是。

安孤辰寡宿星訣○寅卯辰人安巳丑。巳午未人怕申辰。申酉戌人居亥未。亥子丑人寅戌墳。

此以生年十二支爲主。假如寅卯辰年生人。俱在巳宮安孤辰。丑宮安寡宿。餘倣此。

安劫殺星訣〇申子辰兮蛇開口。亥卯未兮猴速走。寅午戌兮猪面黑。巳酉丑兮虎哮吼。

此以生年看。假如申子辰生人巳宮安劫殺。餘倣此。

安華蓋星訣〇申子辰人辰上是。巳酉丑人丑上藏。亥卯未人未上是。寅午戌上戌上當。

此以生年爲主。假如申子辰年生人俱由辰宮安華蓋。餘倣此。

安桃花殺訣〇寅午戌兔從茅裏出。申子辰雞叫亂人倫。亥卯未鼠子當頭坐。巳酉丑躍馬南方走。

此以生年爲主。假如寅午戌年生人卯宮安桃花殺。餘倣此。

安大耗殺訣〇鼠忌羊頭上。牛嗔馬不耕。虎嫌雞喙短。兔怨猴不聲。龍憎猪面黑。蛇驚犬臥茵。有人犯此殺。財食散伶仃。

此以生年爲主。假如子年生人未宮安大耗。餘倣此。

安破碎殺訣〇子午卯酉巳。寅申巳亥雞。辰戌丑未丑。犯之則不宜。

此以生年爲主假如子午卯酉四年生人巳宮安破碎殺。餘倣此。

安生年太歲十二神訣〇一太歲。二太陽。三喪門。四太陰。五官符。六死符。七歲破。八龍德。九白虎。十福德。十一吊客。十二病符。

此以生年爲主。假如甲子生人。不問男女命俱在子宮安太歲。順行一宮安一神。

安生年博士十二神訣〇博士力士青龍續。小耗將軍及奏書。飛廉喜神病符錄。大耗伏兵至官符。

凡命俱以生年祿存宮爲主。假如陽男陰女。祿存在寅宮。則寅宮起博士。順行每宮安一星。如陰男陽女逆行安之。餘並倣此。

定大限訣〇大限就從局內數。男女順逆分陰陽。陽男陰女順推轂。陰男陽女逆行眞。

俱以命宮爲主。假如陽男陰女。命安子宮。屬金四局。卽在子宮起四歲。順行丑宮爲十四。每十年過一宮。餘倣此。

又如陰男陽女。命安子宮。亦屬金四局。卽在子宮起四歲。逆行亥宮爲十四。每十年過一宮。餘倣此。此限管十年之吉凶。

定小限訣○寅午戌人辰上起。申子辰人戌上推。亥卯未人丑上是。巳酉丑人未上歸。

以生年爲主。假如寅午戌生人。俱在辰宮起一歲。一年過一宮。男皆順行。女皆逆行。餘倣此。此限管一年之吉凶。

定小兒童限訣○一命二財三疾厄四歲夫妻五福德、六歲官祿順流行。七八九歲无間隔。

凡小兒不拘男女。俱以命宮起一歲。逆數財帛宮爲二歲、疾厄宮爲三歲、餘倣此。每宮依吉凶星斷。並要看流年太歲所值吉凶神臨及何限。至出童限後。方照大人小限論。

定流年斗君訣〇太歲宮中便起正。逆囘數至生月分。本月順起子時位。生時到處安斗君。

假如流年爲甲子。太歲卽在子。便從子宮起正月。逆行數至本人生月止。卽在月上再起子時。順行數至本人生時止。卽于時上安斗君。從斗君宮內起流年正月順行。逐月遇吉凶而斷。如看逐月逐時吉凶。卽在月上起初一日日上起子時。皆順行。

定流年文昌星訣〇甲蛇乙馬報君知。丙戊申宮丁己雞。庚猪辛鼠壬逢虎。癸逢玉兎步雲梯。

以流年十干爲主。如甲子流年。則文昌在巳宮。乙丑流年。則文昌在午宮。餘倣此。

此星用之大有奇效。

定流年三煞〇三煞卽刼煞災煞歲煞是也。以災煞爲重因臨于子午卯酉也。寅午戌殺在北方亥子丑。亥卯未殺在西方申酉戌。申子辰殺在南方巳午未。巳酉丑殺在東方寅卯辰。

以流年十二支爲主。假如流年屬寅午戌。則亥子丑三宮安流殺。餘倣此。

定竹羅三限訣〇只論三方殺破狼竹羅三限此中詳。若加巨暗凶星會大小限遇入泉鄉。

凡大小二限。三方四正。遇七殺破軍貪狼三星。並巨暗。及流年太歲諸星殺曜交會。其年必凶。或凶中藏吉。

定流祿流羊流陀訣〇甲祿到寅宮。乙祿居卯府。丙戊祿在巳。丁己祿居午。庚祿定居申。辛祿酉上補。壬祿亥中藏。癸祿居在子。祿前一位羊刃當。祿後一位陀羅苦。此三星用之最驗。故補入以流年十二支爲主。不與生年分佈者相同。此關一年吉凶。此如生年亦有此三星。流年又遇此三星。名爲迭祿迭羊迭陀。迭羊陀照命。及迭羊陀夾命者最凶也。迭祿合照身命。雖吉不吉也。

定流年天馬訣○申子辰年馬居寅。寅午戌年馬居申。亥卯未年馬居巳。巳酉丑年馬居亥。○此以流年爲主。如值申子辰三年。在寅宮安天馬。謂之流馬。大小限遇之。或三合身命遇之。主遠行。多動少靜。再見吉星。主圖謀遂意。此法原書未載。用之頗有應驗。故特列入。

問答二十四條

問紫微斗數書內。如何不講起八字。○答曰。定准時刻。即起八字。按子平法將四柱排列、以便參考。斗數雖未明載。閱者當擴充之。以便核對命盤。互相研究。頗有關係。並能搜出理由。運用無窮。惟安身命及定十二宮之星曜。仍照原書之訣。不得取用他法。而遵舊制。

問斗數按五局定數目。起大限。理宜水一火二木三金四土五之數。因何改爲水二局火六局。其理何在。○答曰此先天之體。變爲後天之用。按先天本位乾南坤北。離東坎西中五。考後天乾屬六數。坤屬二數。是取先天乾卦火位。而用後天乾六之數。

取先天坤卦水位而用後天坤二之數。其木三金四土五。仍遵原數。並無變化。查斗數注重南北水火二方。聯合先天後天體用。是以有此變更也。

問此書安身命如何遇閏月便以下月排定○答曰此書本注重年上干支二字。生時地支一字。其月日均重數目字。故遇閏月便以下月定之。若分節氣則不符矣。

問閏月若以下月定之。便與下月生人同此年月日時者一例。恐有未合○答曰憶古人著書。必迭加詳考。出書後。曆經數代。相沿已久。遇閏月生者便作下月推算。當有實驗。始能流行至今。如民國十四年乙丑四月十三交立夏爲四月。閏四月十五交芒種。在芒種以前爲四月。芒種以後爲五月。若在閏四月十四日生者。便與前四月十四日生者相同。又如閏四月十五日交芒種。以後爲五月。五月十七日交小暑爲六月。若在閏四月十六日生者。便與五月十六日生者亦相同。故此書重月日數目字。若按節令。亦有雷同。難免與事實不符。仍當重月日數目字而取用干支。雖同不同。恐其不合斗數之用意耳。

問既重生年干支。其他書內名目能否參用。〇答曰干支本定五行陰陽旺弱。此書重命宮納音。與生尅制化。及刑沖破害。對於八字干支。亦可參考。其他名目。只在哲理求之。

問參考刑沖破害。有何證實。〇答曰如八字有此四者之一。則其身命宮與三方四正。必有四殺相纏。或見空劫等凶星。卽如八字中有刑沖破害之意。故刑沖破害與相穿相合可作參考。

問四殺在十二宮中有何效驗。〇答曰羊陀火鈴四殺。雖廟旺亦是凶星。不論落在何宮。皆有刑沖尅害之病。如在廟旺。或吉多亦福不全美。若論身命宮必有刑傷破相。或連年疾病相纏。

問原斗數書取用之法。〇答曰此書爲數學。爲理學。以數定命。以理度事。雖法天文。而合地理。不外乎五行爲體用。如占課有用來時。再加本年本月本日。以定吉凶禍福之意。而此書用本生之時。再加本生年月日。定出吉凶禍福。幷能定出終身。及後世子孫。蓋取法有自來矣。
問天空地劫本屬二星。並無地空之名。或有用之者。究屬從何爲是。○答曰書有二種法各不同。一本載地空地劫。爲凶煞之星。另有天空與旬空截空同類。原註云地劫爲劫殺星。地空爲空亡星。二星入身命。均不利。考之事實。頗有奇驗。一本載天空地劫。並無地空。卽目下之流行本。疑是後人重刻删去地空。改爲天空。有失本旨。仍當遵循舊制爲是。
問考查人之病症。當以何宮爲主要。○答曰推測疾病。當以疾厄宮爲最緊要。先看身命三合。有無災煞之星。再查疾厄宮星曜之受制。如無決斷。便生猶豫。病症亦難捉摸。治療有關性命。則亦無從入手矣。必須在身命疾厄等宮推測之。當有把握也。
問有從命前之宮起大限者。有從命宮內起大限者。當以何說爲是。○答曰書分二種。兩法皆有。如在命前起大限。考諸事實。均不相符。假如從命前一宮起大限論。人生百歲後。大限始能行到命宮。不過百歲者。則本命宮之星曜。反未行到。似有未合。

當遵從命宮內起大限。較爲的確。人之一生尤以次宮限爲要。因看其造就如何。

問十二宮中如何有重複之星曜。○答曰列入宮中之星曜。不可移動。便以該宮斷之。有生年之星曜。有流年之星曜。各主各事。不可相混。不可以重複去之。

問有安正星。不佈其他吉凶星可乎。○答曰若只安正星。不列其他吉凶星。則見事既少。斷事亦狹。吉凶難定。精細難求。恐不能得其究竟也。總以佈全爲是。

問命宮如兩正星並立。與助星。及其他吉凶星。或單守或並立。當取何星。斷人面色身軀性情。○答曰如兩正星並立。或其他南北吉凶各星同列。雖有書內成文。亦要斟酌男命女命。與現在之年齡定之。或胖或瘦。老幼不同。時有變化。並須參考此人。屬諸何星。附屬與加雜是何星。若見本人。則一目了然矣。兼可考其生時。有無錯誤。

問諸星曜名稱。吾人何以知之。○答曰、本以五行陰陽推測。再以人事而度之。必有某星。某星主管何事。其性體亦必似之。當主何吉凶。而以此再推人事。無有不應。吾故曰、本以人事度星曜。復以星曜度人事。其名稱蓋吾人之虛擬也。所以天地間事。

皆吾人心中之一動。度其勢有必然矣。

問關繫一人之身命。僅此十二宮乎。〇答曰、一人之身命雖關繫於十二宮中。然在十二宮之外。尚有不可思議者。有見有不見。所以十二宮中排列各星曜。對於一人命內身外。無一不備。自有看不到處。若能審透。無一不應。

問火鈴二星。有按地支之位安之。有按地支之位起時辰安之。當以何法爲是。〇答曰安火鈴二星。當由書內所列地支之位起時辰。數到生時安之。驗諸事實。較爲有效。若在地支本位安之。恐其有悞。當以活爲妙。以飛爲是。

問定天殤天使如何不分陰陽順逆。〇答曰、命前天殤。命後天使。書內明載。惟遇陽男則順行六位安之。陰男則逆行六位安之。譬如陰男則當逆行安天殤。方爲命前。順行安天使。方爲命後。女命亦當按大限法順逆安之。考諸事實。方可有驗。

問若有十二月三十日亥時生人。如二十八日已交立春。應如何定之。〇答曰、既交立春。論子平法干支當取用下年。惟排定此書之星曜。仍用本生年干支。及原月日之數目字。若改爲次年。則不符矣。

問截路空亡分陰陽否○答曰、截路空亡占二宮。本有陰陽之分。又有正空傍空之別。行運值此二宮均屬坎坷之地。陰干以陰爲重。陽干以陽爲重。旬空亦然。惟金空則鳴。火空則發。値此宮尙佳。水空則泛。木空則折。土空則陷。値此宮不吉也。

問斗君定在何宮。卽以何宮爲正月。便由正月起初一。扣滿三十日爲一月。若至二月再由二月起初一。則將所行過之日未至一周。復又退回數起。恐有未符○答曰、書內原有安斗君訣。又有明載用法。相傳相習。用之不疑。亦無深究者。若以定出斗君爲正月。卽於斗君之宮起初一。無論大小月接連推下。至年終十二月止。自無退回之理。時辰仍由日上起。亦頗有驗。

問有用流年三煞。有用飛天三煞。當所何說爲是○答曰、現在流行本內。有用飛天三煞。卽奏書將軍直符。寅戊戌年。飛入亥卯未宮。有不吉等句。查該書內。以奏書主福祿。爲吉曜。則不能再以凶論。生年旣安博士十二神。流年又引用之。則不必再佈飛天三煞矣。曆書年神方位之圖。一看便知。斗數原書所載三煞。係劫煞災煞歲煞。爲流年三煞。陽年在南北。陰年在東西。尤以災煞爲緊。因臨於子午卯酉四正之方也。逢之當有不祥。或見戰尅之虞。

問此書若否定海外人之命運。〇答曰、各列强如英俄等國皆講命理。法雖不同。其理則一也。若將該國之曆對照陰曆。定出年月日。其時刻。各國皆講鐘點。卽以鐘點定我國時支。亦無不可。惟各國人士自生之日。多扣滿一年。始爲一歲。按中國法。當增一歲。方能相符。然運用之妙。仍恃乎一心。

問竹羅三限大小限遇卽入泉鄉何以如此之凶〇答曰書內以限遇七煞破軍貪狼。爲竹羅三限。必須流年凶煞相纏。巨暗相會。主不吉。詳考命盤上。七煞破軍貪狼。謂之煞破狼。分布三方。爲全盤關鍵。如吉曜祿馬等星來輔。或命垣遇之。多爲開創之因。或爲名利兼收之人。限運遇之。多爲更新之機。强台直上。其他各宮得之。亦屬爭强。對宮來合。亦必橫發一時。

問斗數有何種參考書籍〇答曰原斗數書中有十八飛星。選擇之可作參考。或其他與此有關之哲學亦可。總以有驗者爲宜。除此凡天地之所有。皆可作參考。不僅古今之書籍也。

斗數雜論十則

雜論一　天地有陰陽之分。吾人有男女之別。男子本屬諸陽。而有秉乎陰。女子本屬諸陰。而有秉乎陽。天地陰陽之氣。參合於男女之間。故得天地中和之氣。爲聖爲賢。得天地剛大之氣。則爲忠臣。爲烈士。得天地淸虛之氣。則爲隱逸。爲列仙。得天地之正氣。則爲君子。得天地之餘氣。則爲庸人。其氣雖殊。其理一也。故星曜得地。可以君子論之。其不得地者。當以常人視之也。古有孤陰不生。孤陽不長之說。此爲難得陰陽和平中正之氣。其生尅之理。犬牙相錯。自不待言。蓋斗數一書。爲知命者言理。以陰陽爲體。以星曜爲用。學者或於陰陽之理參考。便能得其梗概矣。

雜論二　男命太陰守命者。雖性急心直。舉止間反有女子之狀態。女命太陽守命者。多性烈心快。動靜間反有男子之志量。推求此理。可見星曜之性質。大與人合。如某男命丙戌年九月十五日巳時生。乃太陽守命。衝動太陰。便有流蕩邪淫之情形。又如某女命戊戌年八月十三日子時生。乃太陰守命。衝動太陽。便有水性楊花之實跡。雖然如是。亦必根據福德宮爲何如耳。蓋男子太陰守命。壽與女子接近者多。而女子太陽守命。能與男子週旋者亦多也。故男得女星有柔。女得男星有剛。其紫破守命者多淫慾。機梁守命者多計較。巨日守命者多競爭。同梁守命者多奸僞。廉貞貪狼主多好說。雖然天生人命。究屬在乎所秉賦者。正與不正耳。是故排定紫府。便知此人之性體。佈齊星曜。則洞見斯人之肺肝矣。

雜論三　八字起出。卽安身命。便知此命要領。如子午卯酉。爲四敗之地。主惡。又爲桃花地。此四宮安命者。必爲人好酒色。多風流。喜交遊。而飄蕩難免。辰戌丑未。爲四墓之地。主刑。又爲孤獨地。此四宮安命者。必爲人外表沉厚。而內多游移。棄祖離宗。刑剋六親。離鄉遠處爲美。寅申巳亥。爲四生四馬之地。主勞。又爲辛勤地。此四宮安命者。必爲人聰明流合。受制於人。辛勤勞碌。自尋苦惱者。居其多數。故安定命宮。不論其富貴貧賤。壽夭賢愚。淫貪邪正。亦不能離此義也。

雜論四　按人事論五行中先有土。而後有金木水火。故土在十二宮中無失陷。不過有旺弱之分。如星之分野。各有所屬。太陰水爲陰水。太陽火爲陽火。固不待言。其紫微屬土。乃爲陰土。天府屬土。乃爲陽土。破軍水爲陰水。廉貞火爲陰火。武金爲陰金。七殺金爲陽金。天機木爲陰木。貪狼木爲陽木。天梁土爲陽土。天同水又爲陽水。其餘諸星。雖有五行之別。而陰陽之分。亦要審度周詳。其生尅制化之理。當易明矣。其廟陷旺相之說。則在目前。四生四庫四絕之地。亦須深求。卽如書中所云。水入火鄉。木入金鄉。皆爲受制。若破軍之陰水入於午火之地。反爲水火旣濟。入於辰戌。每有升沈。若入亥宮則歸本位。比如江湖之水。本有波瀾。入於大海。反不能施其威權矣。又如廉貞之陰火。入於申宮。爲入廟。落於午宮爲陽火。不利陰火。雖爲受制。尚可衝動子水。若入巳宮則歸本位。巳火力弱。又爲金之長生。金能洩火之氣。火氣被洩。力量更薄。反無主張也。二星並立一宮。有用與無用。由此考之。亦能貫徹其要領矣。

雜論五　星曜有五行之分。陰陽之別。務要分淸屬何五行。認定屬陰屬陽。及入廟旺陷。與諸星之性情。熟於胸中。斷事自然不難。全盤審透。不論問何事件。便可應答。

看命者。當存隱惡揚善之心。如悟出有何種隱情。必要謹言爲妙。如家庭父子夫妻兄弟朋友之間。一表而過。其次者。略示意義。借題發揮。亦無不可。惟在論事者之敏捷與否。看命者。祗以財官兩宮與大小運限。及現在之禍福如何。其他又當別論。看命盤。先看命身兩宮。與命身之對宮兼及合宮。再看財官兩宮與對宮兼及合宮。再看大小限運落於何宮。與對宮兼及合宮。次看生平大運。以何宮爲强。何宮爲弱。現行之大運如何。本年小運如何。再以安斗君法。定出正月。按月推下。看現行月令如何。非此恐有遺漏。故須縝密無遺。批評斷事。庶有輕重之別矣。

雜論六　太陽守命者。有孤獨苦淫之分。無論落陷與否。多尅父尅子。因奪父星。并尅自己。太陰守命者。亦有孤獨苦淫之分。無論落陷與否。多尅母尅女。因奪母星。并尅妻妾。身宮亦同。會合身命垣者。亦多如是。若太陽在申。太陰在午。反先尅父其母自然孤苦矣。行日月限。或對宮亦然。再參合父母宮或流年太歲沖身命以斷之。太陽在亥方小運遇之尤凶。大耗限。亦尅六親。查人生世間。無論貧富貴賤壽夭難逃孤獨苦淫四字。有占一字者。或二字。或三字。或四字俱備者。有壽於此者。有夭於彼者。必恃乎深求耳。

雜論七　女命巨門守命垣者。凌夫尅子。破家敗產。是非多端。若太陽同宮。或與天機同宮。及機梁同宮機月同宮。或爲七煞同宮會合化忌。或四煞有一尤烈。男落妻妾宮。終身與閫家不得安寧。兩星並立一宮。非純性故如是。太陽守命垣。經云。有早遇賢夫信可憑之語。然必奪夫權。佞口進讒。牝雞司晨。可哀也夫。化忌爲多管之宿。男命落於妻妾宮主問是問非。多疑多慮。監查男人。心多猜忌。婚配之舉。不可不愼也。

雜論八　按經云。紫府武曲雙祿主財。詳考其他。如擎羊文昌左輔七煞天刑陀羅。子午破軍。紅鸞天喜等曜。皆爲財星。擎羊之財。或十年。或一年。或一月。或一日。或一時。七煞陀羅之財。來則必破。或橫發之後。或散去。或非我所享。左輔文昌之財。較久遠而不絕。破軍之財。過則必敗。紅鸞天喜之財。來則不存。凡財宮財星。以單守爲美。

再加吉星相輔。三方吉星相照相合爲妙。若見凶星。得亦不聚。反出是非。太陽天梁巨門之財。必因口才爭競而得。兩正星並立一宮者。皆如是。孤寡之星入財宮。財來財去。餘資何有。魁鉞文曲爲兼接之財。火鈴之財。未到手卽成空。鈴星又爲偏財。咸池亦主財。見財後而桃花也。是以人生世間以財爲要。來去各有不同耳。

雜論九　紫府寅申同宮守身命。或落於兄弟妻妾夫主子女父母等宮。皆以孤論。或續娶。或孤子。或尅夫。或尅妻妾。或兄弟生離死別。或單傳。或父母早亡。若再加他星。另論他星。尤以紫府爲宗。仍不離此意旨。太陽太陰入疾厄宮。加刑煞。有眼目之疾。而日月守身垣。見有羊陀火鈴四煞之一。亦主眼目之疾。或吊眼羊角瘋。或痰症。其他各宮遇此則眼目不明。時有肝鬱發於二目。致成目疾。或發現於中年。或發現於晚景。破軍與七煞守身垣。遇一多主破面。相貌宮亦然。相貌卽父母宮也。羊陀火鈴四煞。入身垣。有一亦主面傷難免。身垣之對宮見有四煞之一來會。亦多破面。十二宮中。見羊陀火鈴。無論旺弱。卽以有冲破論之。斗數之冲。不與子平六冲法相同。

無論何宮吉星。見四煞之一。卽謂之被沖。或對宮見之亦然。

雜論十　斗數之舊制。定爲十二垣。皆有所司。其餘尙未發明。玆特擴而充之。以命宮前一宮爲父母宮。其上爲福德。以福德宮作祖父宮看。以田宅宮作曾祖宮看。高祖以上。按次推之。可考以上祖先十二代之興衰。以子女宮。往下推至財帛宮。作嫡孫宮看。以疾厄宮。作曾孫宮看。玄孫以下。按次推之。可知後裔十二代之强弱。人道卽天道。變化無盡期。週而復始。如春夏秋冬四時氣運不同之義也。此法參考。頗有應驗。故特論之。按斗數多一法門。俾初學者。有所研究耳。

補論。凡官商兩界之人。如遇大限行至官祿宮者。或來合。不論此宮星曜好壞。此十年之內。較比他宮爲佳。原因聯絡三方。會合本命。必得吉星擁護。輔助命垣。官員值此定有升遷調補之機。商人值此。或出意外生財之路。歷經考查。屢試有效。所以有少年中年老年之發達。

天梁 祿存 火星 天刑 劫煞 封誥 身主 博士 妻妾	七殺 擎羊 兄弟	文曲 文昌 天鉞 紅鸞 寡宿 六歲 命垣	廉貞 地空 命主太歲 十六 父母
紫微 天相 陀羅 華蓋 八座 恩光 天貴 子天	命垣納音己未天上火入火六局	陳太傅寶琛 戊申八十八歲九月二十三日卯時 陽年男命　火六局 戊申 壬戌 癸巳 乙卯	天姚 天空 咸池 破碎 天壽 台輔 天空 二十六 福德
天機 巨門 大耗 天才 天官 天福 化忌 八十六 財帛 大運 亡			破軍 天哭 三台 三十六 田宅
貪狼 右弼 地劫 天殤 天馬 天虛 鳳閣 化祿 化科 七十六 疾厄 空 長生	太陽 太陰 天魁 鈴星 天喜 化權 六十六 遷移 身垣 小運 路	武曲 天府 左輔 天使 龍池 五十六 奴僕 劫	天同 孤辰 四十六 官祿

昌曲守命垣日月守身垣身命得昌曲日月之光魁鉞相守照爲坐貴向貴是以富貴壽考經云昌曲臨於丑未時逢卯酉近天顏又云魁鉞命身多折桂又云日月同臨官居侯伯日月坐遷移與化權尤美祿科左右夾身亦佳蓋攀龍附鳳挾此爲奇當以六十六歲後爲生平最得意之運稱晚清之太傅交到七十六歲後非此可比甲戌年春壽終因白虎喪門衛身命垣并小限之故大運巨門化忌大耗之鄉不吉

<table>
<tr>
<td>紫微
七煞
地刦
地空
天殤
陀羅
三台
鳳閣
太歲
五十六
疾厄</td>
<td>左輔
祿存
咸池
天空
博士
四十六
財帛</td>
<td>擎羊
三十六
子女</td>
<td>天鉞
右弼
封誥
天貴
孤辰
二十六
妻妾
路
斗君</td>
</tr>
<tr>
<td>天機
天梁
文昌
火星
天喜
寡宿
化科
六十六
遷移
大運</td>
<td colspan="2" rowspan="2">己巳六十歲三月二十四日午時
陰年男命　火六局
梁士詒總理
己巳　戊辰　丙申　甲午
命垣納音甲戌山頭火入火六局</td>
<td>廉貞
破軍
鈴星
破碎
八座
龍池
天官
十六
兄弟
刦</td>
</tr>
<tr>
<td>天相
天使
天姚
天才
天壽
七十六
奴僕</td>
<td>文曲
紅鸞
大耗
化忌
六歲
命垣
身
空</td>
</tr>
<tr>
<td>太陽
巨門
恩光
天福
八十六
官祿
長生</td>
<td>武曲
貪狼
天哭
華蓋
化祿
化權
命主
田宅</td>
<td>天同
太陰
天魁
台輔
福德</td>
<td>天府
天馬
天刑
天虛
父母
小運
亡</td>
</tr>
</table>

文曲紅鸞守身命於帝旺之鄉機梁文昌化科天喜相合巨日長生左祿諸吉加會以富以貴內附化忌雖落旺宮究係多管之神非沉靜持久之宿所美者祿存立於財庫主富左輔日月長生並諸吉合照故有財神之名經云祿存守於財宅堆金積玉紫微七煞擎羊主財假巳未相夾尤美福德宮諸吉與天府拱命亦佳并有奇處武曲命主主孤為財武貪祿權入於田宅宮常然富有財產武貪為商業亦理財之權令經云武曲貪狠財宅位橫發資財而日月諸吉復相夾有以上之種種是以為金融之樞紐按化忌巨門官貴不甚得意每生風波大運由二十六歲至五十五歲皆帆風一順現行大運亦吉多徒自奔馳老運猶佳本年小限入午宮羊陀太歲冲身命吉中藏凶明年來財甚旺按經有云昌曲已辛壬生人限逢辰戌廬投河如入廟吉大小二限俱到命坐辰戌者一星輕等語昌曲在辰戌無同宮之理既云一星輕若三方吉拱恐別有論斷況昌曲落戌俱非入廟也癸酉年小限行亥三月十五日未時逝世于滬上某醫院亨年六十五歲按小限在戌逢壬申年即不穩甲戌亦衝提綱

天機 化科 太陰 鈴星 十三 兄弟	天府 封誥 寡宿 二十三 妻妾 身垣	太陽 地空 紅鸞 天才 天官 華蓋 三十三 子女	武曲 化祿 破軍 天鉞 文昌 三台 恩光 天福 四十三 財帛 破碎
紫微 化忌 貪狼 文曲 天刑 天哭 天貴 八座 命主 太歲 三歲 命垣	癸酉五十六歲正月二十六日巳時 陰年男命　木三局	梁任公總長 癸酉　甲寅　丙午　癸巳 命垣納音辛酉石榴木入木三局	天同 左輔 地刦 天殤 天壽 身主 五十三 疾厄 大運
巨門 化權 右弼 天空 父母 空			火星 天魁 天虛 六十三 遷移
天相 陀羅 天馬 台輔 孤辰 福德 亡 長生	天梁 祿存 天喜 博士 田宅 路	廉貞 七煞 擎羊 天姚 龍池 鳳閣 官祿 刦	天使 刦煞 大耗 奴僕 小運

紫貪守命垣天府守身垣無煞魁鉞昌曲加會身命科權相夾固貴尤美者文曲天刑入命垣天刑得地各曰天喜神文主文刑主權故爲總長言論傑作自是文學泰斗惜官祿落於刦路擎羊見七煞不久必動又因化忌入命垣不甚得意然廉貞七煞擎羊亦主權令爲財運行二十三歲後卽蒸蒸日上饒有令名至五十二歲皆爲佳境其後較次六十三歲後會合身命復爲社會尊崇之運晚年可稱逸樂不意眞竟在此限中不祿

廉貞 貪狼 陀羅 天哭 三台 龍池 化權 十五 兄弟	巨門 左輔 祿存 咸池 大耗 命主 博士 亡 命垣 五歲	天相 擎羊 天才 天盧 身主 父母 空	天同 天梁 右弼 天鉞 火星 天喜 化科 福德 路 長生
太陰 台輔 二十五 妻妾	羅文幹總長 己丑四十歲三月十二日戌時 陰年男命　土五局 己丑　戊辰　丁巳　庚戌 命垣納音庚午路傍土入土五局		武曲 七煞 地劫 八座 鳳閣 天官 化祿 田宅 劫
天府 天姚 天壽 三十五 子女 大運			太陽 寡宿 恩光 八十五 官祿 小運
文曲 紅鸞 天福 天空 孤辰 劫煞 化忌 四十五 財帛 身宮	紫微 破軍 地空 鈴星 天殤 華蓋 破碎 太歲 五十五 疾厄	天機 文昌 天魁 封誥 天貴 六十五 遷移	天馬 天刑 天使 七十五 奴僕

巨門守命垣在午爲石中隱玉格己生人福厚內附左輔祿存諸吉亦巨門所喜之宿博士尤主聽明文峯左右昌曲魁鉞加會身命福德宮同梁化科長生皆是福德之基當以權貴論故財官兩旺聲譽遠播命坐空亡有火空則發之說現行大運爲天府限合武曲七煞天相擎羊正財權大隆福祿光明之時潤身潤屋自不待言將來大運精心文事均屬佳境有此盛名何戰不勝何攻不克出則驚人矣本年小運尅太陽太陰擎羊沖命不吉明年被迫主動庚午爲佳吉凶相半命垣巨門咸池大耗非善理財者與祿存相混

天機 文昌 祿存 大貴 孤辰 化忌 命主博士 遷移	紫微 左輔 地空 天使 擎羊 火星 龍池 疾厄	天鉞 天喜 封誥 財帛	破軍 右弼 鈴星 天馬 鳳閣 天虛 化科 子女 空 長生
七煞 地刦 天殤 陀羅 天哭 五十二 奴僕 流羊 斗君	戊寅四十八歲三月初十日巳時 陽年男命　水二局 廖仲愷先生 命垣癸亥大海水入水二局 戊寅　丙辰　庚申　辛巳		文曲 大耗 破碎 妻妾 身垣 亡 流年白虎
太陽 天梁 天姚 三台 天官 天福 天空 身主 四十二 官祿 大運 小 咸池 三殺			廉貞 天府 華蓋 七月初一日 兄弟 生年白虎
武曲 天相 太歲 三十二 田宅 流陀	天同 巨門 天魁 紅鸞 天才 恩光 寡宿 二十二 福德 路	貪狼 化祿 十二 父母 刦	太陰 天刑 八座 天壽 台輔 刦殺 化權 二歲 命垣

太陰守命在亥名曰月朗天門白日生人較次文曲守身昌曲加會身命遷移祿存在外亦佳身命獲日月之光鉞會命魁會身當以貴論行運入刦不甚得意交四十二歲後大運入官祿宮始展復遇小限行卯本爲官祿騰達之機是年乙丑羊陀夾大小運三煞在寅卯辰白虎入身冲大小運三方爲凶流羊入辰與七殺陀羅諸星相見是年斗君落於辰宮七月在戌合辰卽於是月初一日巳未午初被狙擊而亡正二六各月皆凶遷移羊陀夾忌尤非吉兆身命限運雖佳而流年凶煞作黨亦離逃此絕命流年太陰化忌爲害

今人命格

天梁 天殤 天鉞 天刑 三台 破碎 五十二 疾厄 大運	七殺 紅鸞 台輔 天官 咸池 華蓋 四十二 財帛 財庫	天才 天壽 寡宿 三十二 子女	廉貞 天貴 二十二 妻妾 長生
紫微 天相 文曲 命主 六十二 遷移	朱聲廣先生 命垣納音壬戌大海水入水二局 癸酉 壬戌 辛亥 戊子	登酉五十六歲九月初六日子時 陰年男命 水二局	天姚 八座 天哭 太歲 十二 兄弟
天機 巨門 天使 天奎 鈴星 天虛 化權 七十二 奴僕			破軍 文昌 火星 天空 化祿 二歲 命垣 身 空
貪狼 右弼 封誥 恩光 刦煞 大耗 化忌 八十二 官祿 小運	太陽 太陰 擎羊 龍池 鳳閣 華蓋 化科 田宅 刼	武曲 天府 左輔 祿存 天喜 博士 福德 旺	天同 地刦 地空 陀羅 天馬 孤辰 身主 父母 亡

破軍守身命在戌爲旺宮癸生人爲福宜出外主孤復落空亡內附化祿火星文武兼備當以財官兩旺論紫相昌曲加會身命亦佳初行大運在酉平平行入申宮較前爲美行入未宮仍無大展交到四十二歲運行入午三方會合財權兩旺榮膺至旅長大運將交已巳亥與丑酉多非吉曜地刦地空陀羅天馬刑使哭姚尤緊小限行戌爲地網是年甲子子爲祿午爲財子午相冲大小運皆弱故去職復經齊督委以師長亦不久辭職北上丙寅年小運行子子午相會諸星主有權七殺流羊相見復冲動子爲刦路主勞動吳帥委以參議不及百日吳去亦離任矣大運至辰可爲吉境然破軍水入亥歸諸本位恐無力矣

二六

太陽 陀羅 破碎 父母 空	破軍 文昌 祿存 封誥 紅鸞 咸池 博士 福德	天機 地空 擎羊 恩光 鈴星 天姚 寡宿 化科 田宅	紫微 天府 文曲 命主 八十二 官祿 長生
武曲 右弼 二歲 命垣 亡	丁酉二十九歲七月十五日辰時生 陰年男命　水二局 胡文炳博士 丁酉 戊申 壬寅 甲辰 命垣納音甲辰覆燈火入火六局		太陰 天使 天鉞 天哭 天壽 天貴 化祿　太歲 七十二 奴僕
天同 地刦 天刑 天虛 化權　身主 十二 兄弟 刦			貪狼 左輔 天空 台輔 六十二 遷移
七煞 火星 刦煞 大耗 天官 二十二 妻妾 大運 路	天梁 華蓋 龍池 鳳閣 天才 三十二 子女	廉貞 天相 天喜 四十二 財帛 身垣	巨門 天殤 天魁 天馬 孤辰 天福 化忌 五十五 疾厄 小運

武曲守命垣於辰右弼附之主孤尅主財權廉貞天相守身垣於子較爲孤弱而爲財庫亦主富足紫府天相左右文曲長生加會身命文昌祿存博士合身垣魁鉞夾遷移官祿宮文武皆宜福德宮祿存在午又得破軍水水火既濟當以財官兩旺論可富可貴名利兼收終身福厚自不待言按命垣武曲主財與對宮貪狼相合爲經濟家最美福德宮祿存爲財身命復會合紫府武曲諸財星若經商理財必護厚利現行大運卽蒸蒸日上三十歲後會日月天鉞中吉四十二歲後來財極旺當大展懷抱有所建樹也

紫微 七殺 地刦 地空 天馬 天虛 化科 四歲 命垣 身 長生	天刑 三台 父母 路	天哭 華蓋 福德 刦	天鉞 八座 封誥 天福 刦煞 恩光 田宅 亡
天機 天梁 文昌 擎羊 鈴星 紅鸞 天才 化祿 化權 天壽 大耗 天官 身主 十四 兄弟	乙亥六十歲十月初六日午時 陰年男命 金四局 朱謙甫詩家 乙亥 丙戌 己巳 庚午 命垣納音辛巳白臘金入金四局		廉貞 破軍 破碎 八十四 官祿 空
天相 祿存 火星 龍池 博士 二十四 妻妾 小運			文曲 天使 天喜 天姚 寡宿 七十四 奴僕
太陽 巨門 陀羅 孤辰 天貴 命主 三十四 子女	武曲 貪狼 左輔 右弼 四十四 財帛	天同 太陰 天殤 天魁 台輔 天空 咸池 化忌 五十四 疾厄 大運 小運	天府 鳳閣 六十四 遷移 太歲

紫微七殺守身命垣在巳旺宮乙生人財官格天府來朝左右加會幷坐長生以貴論所美者化科入身命垣故爲詩家而權祿昌曲擎羊天才機梁等曜引之助之成名之基兆於此矣生平奔馳苦況及地刦地空天馬天虛諸宿之爲害也大運四十四歲後爲最佳境老運亦美廉貞破軍在酉入空官貴難大展有金空則鳴甲戌年壽終

天機 天鉞 天姚 刦煞 破碎 天壽 台輔 身垣 妻妾	紫微 右弼 三台 天福 天哭 天虛 化權 兄弟	天才 大耗 二歲 命垣	破軍 左輔 八座 恩光 化科 十二 父母 長生
七煞 華蓋 龍池 子女	壬子七十七歲五月十一日亥時生 陽年男命　水二局 壬子 丙午 辛酉 己亥 單義甫堪輿命相家 命垣納音丁未天河水入水二局		天喜 咸池 鈴星 身主 二十二 福德 沐浴
太陽 天梁 文曲 天魁 紅鸞 化祿 八十二 財帛 路空			廉貞 天府 地刦 陀羅 寡宿 鳳閣 天官 三十二 田宅
武曲 天相 天使 孤辰 天馬 化忌 七十二 疾厄 小運 大 刦亡	天同 巨門 天空 天刑 火星 封誥 六十二 遷移	貪狼 地空 擎羊 天殤 天貴 命主 太歲 五十二 奴僕	太陰 文昌 祿存 博士 四十二 官祿 斗君

天才守命垣在未多才多藝三台八座科權左右相夾日月昌曲雙祿加會鉞入身魁合命到處遇貴聰慧敏捷自是特長祿存入官祿宮在職不久因羊陀相夾必暗被排擠雖云壬祿在亥方爲吉究屬利於飄流四海爲家者心高性傲難屈人下故官貴不展文曲入卯有衆水朝東之說財庫落於刦路空亡之內陽梁亦主爭競雙祿始振命垣大耗外出爲吉身垣與福德宮各星爲飄泊風塵之證遷移諸曜亦是主張是非之宿非此不能作術士不能揚名聲運行入丑六十二歲後反佳本年大小運限入刦路空亡孤辰天馬化忌天使不吉經云三合明珠生旺地爲穩步蟾宮日卯月亥來朝照格曰明珠出海按此詳查身命較弱諸吉星未能入本身命垣故官貴不展而名利兼收考祿存入官祿宮者在職多不久或連起風波蓋羊陀相夾之故耳

天梁 紅鸞 封誥 大耗 生年之 流年文 昌在巳 六十六 遷移 身垣 小運	七煞 天使 鈴星 七十六 疾厄	文曲 文昌 天鉞 天官 寡宿 身主 財帛	廉貞 地空 天馬 天哭 祿 子女 空 刦
紫微 天相 左輔 天殤 火星 恩光 天貴 天虛 五十六 奴僕 大運	命垣納音乙亥山頭火入火六局 朱子橋先生 甲戌 丁卯 丁卯 癸卯	甲戌六十二歲正月二十三日卯時 陽年男命 火六局	天刑 天才 台輔 天福 妻妾 亡 路
天機 巨門 擎羊 天壽 咸池 四十六 官祿			破軍 右弼 華蓋 權 太歲 兄弟
貪狼 地刦 祿存 三台 龍池 博士 命主 三十六 田宅 斗君	太陽 太陰 天魁 陀羅 天姚 破碎 忌 二十六 福德	武曲 天府 八座 鳳閣 科 十六 父母	天同 天喜 天空 孤辰 劫殺 初六 命垣

天同守命垣在亥化福爲福德主暗合寅方祿存博士仁慈耿直博學多能天梁守身垣在巳在外飄泊火鈴相夾多動少靜紫微入奴僕難免奔走昌曲魁越互合身命垣亦佳所美者生年之流年文昌在巳主文藝聰明官祿宮巨門擎羊風波多變是非不寧大運入寅交三十六歲左右七煞破軍祿馬相聚卽蒸蒸日上財權兩旺名利雙收四十六歲後美中不足五十六歲後名美財虛官有刦甲戌年衝大小運不吉乙亥年太歲歲破衝身命垣又爲大耗天馬之鄉仍非佳境丙子年吉凶相半

紫微 七殺 文曲 天鉞 八座 鳳閣 天福 太歲 八十四 官祿	咸池 天空 天使 天才 天官 亡 七十四 奴僕	台輔 空 六十四 遷移	天喜 天殤 天壽 孤辰 五十四 疾厄
天機 天梁 左輔 火星 寡宿 身主 田宅	祁大鵬先生造 癸巳四十三歲正月初六日子時生 陰年男命 金四局 癸巳 甲寅 庚寅 丁丑		廉貞 破軍 文昌 天刑 三台 龍池 天貴 祿 破碎 四十四 財帛
天相 天魁 封誥 身垣 福德			右弼 地空 鈴星 大耗 三十四 子女 大運
太陽 巨門 紅鸞 刦殺 權 父母	武曲 貪狼 擎羊 天姚 恩光 天哭 華蓋 命主 忌 刦 初四 命垣 小運	天同 太陰 地劫 祿存 科 博士 十四 兄弟 斗君 路	天府 天馬 陀羅 天虛 二十四 妻妾

武貪守命垣在丑附有擎羊化忌宜武宜商生平冒危險多風波勢所必然因落刦路之內每有刦制奔馳之虞昌曲紫微天鉞來合文職貴顯天相天魁守身垣主聰明多管難免操心勞力交二十四歲大運會官祿宮卽蒸蒸日上財權兩旺可稱鴻運三十四歲左右行地空大耗限鈴火巨門相會急欲奮發有爲惟事與願違諸多不濟美有貴人相助故履險如夷然聲譟一時者亦由於此四十四歲後行酉三方昌曲魁鉞化祿紫微七煞武曲貪狼并遇天刑爲旺主權令三方來合名利雙收尊榮安樂無不備具本年白虎喪門衝命限大耗流羊入田宅不吉明年是非爭強財祿遂心後年白虎衝大小限并身垣吉凶相半

今八命格 二九

<table>
<tr>
<td>右弼 火星 孤辰 天才
二十五 福德</td>
<td>天機 文昌 天姚 龍池 封誥 天福
三十五 田宅
大運
刦空</td>
<td>紫微 破軍 地空 陀羅 天鉞 天喜 鈴星
四十五 官祿
路亡</td>
<td>文曲 祿存 天馬 天殤 鳳閣 天虛
命主博士
五十五 奴僕
長生</td>
</tr>
<tr>
<td>太陽 天哭
化祿
十五 父母
流羊</td>
<td colspan="2" rowspan="2">庚寅三十六歲六月初六日辰時生
陽年男命 土五局
報國寺竹禪和尚
庚寅 癸未 甲辰 戊辰
命垣納音己卯城頭土入土五局</td>
<td>天府 左輔 擎羊 大耗 破碎
六十五 遷移</td>
</tr>
<tr>
<td>武曲 七煞 地刦 咸池 天空
化權
五 命垣
小運
三殺</td>
<td>太陰 天使 華蓋 台輔 恩光
化科
七十五 疾厄</td>
</tr>
<tr>
<td>天同 天梁 天刑 三台
化忌 身主
太歲 兄弟
流陀</td>
<td>天相 天魁 紅鸞 寡宿 天壽
妻妾</td>
<td>巨門 天貴 八座
子女
斗君</td>
<td>廉貞 貪狼 刦煞 天官
身垣
財帛</td>
</tr>
</table>

紫府朝命左輔亦佳武曲七煞守命在卯主孤剋內附地刦天空咸池對宮擎羊大耗官祿羣煞福德孤辰火星身宮廉貪刦煞皆會於身命紫府無力故出家爲僧命太剛而身太弱矣大運至午入刦路空亡亦非佳境三十五歲是年甲子小限在寅會流年祿馬幷申宮本命祿馬長生有動機被舉爲一剎之主然擎羊入卯見七殺爲羊陀迭併大凶因有祿馬較輕不及一載遇乙丑年乙祿居卯羊陀相夾年三煞落於寅卯辰白虎冲命羣凶團聚小限入卯羊耗見七殺故絕於此大限入刦路空亡亦無力經云七殺羊鈴流年白虎刑戮災迍又云殺臨絕地會羊陀顏回夭折驗諸此矣

<table>
<tr>
<td>天梁
右弼
天鉞
火星
天馬
天福
孤辰
六十二
遷移
小運
破碎
空</td>
<td>七煞
天殤
鈴星
天喜
天姚
天官
五十二
疾厄</td>
<td>地刦
龍池
天壽
華蓋
四十二
財帛</td>
<td>廉貞
刦殺
大耗
三子二
子女</td>
</tr>
<tr>
<td>紫微
天相
天使
天空
七十二
奴僕
亡</td>
<td colspan="2" rowspan="2">癸卯三十九歲閏五月初六日申時
陰年男命水二局
米少堂先生
癸卯
戊午
巳丑
壬申</td>
<td>左輔
天虛
二十二
妻妾
大運</td>
</tr>
<tr>
<td>天機
巨門
地空
天魁
天哭
權
太歲
身垣
官祿</td>
<td>破軍
封誥
祿
十二
兄弟</td>
</tr>
<tr>
<td>貪狼
文昌
天刑
三台
天才
台輔
忌
田宅</td>
<td>太陽
太陰
擎羊
鳳閣
寡宿
科
福德
路</td>
<td>武曲
天府
文曲
祿存
紅鸞
八座
咸池
命主
博士
父母
刦</td>
<td>天同
陀羅
身主
初二
命垣</td>
</tr>
</table>

天同守命垣在亥入廟化福爲福德主推誠相與見微知著令人欽佩內附陀羅主剛強出衆任勞任怨魁鉞來合可謂向貴雙祿夾垣爲生成之福財祿無缺巨機守身垣在卯入廟敦厚聰明文武皆大貴附有化權天魁亦可名爲坐貴左右合於身命垣乃直上青雲之基遷移宮天梁遇馬而火星逢馬每喜藻華多奔馳初行大運在戌煞破狼相會定主少年英雄現行大運入酉合官祿自二十二歲後即蒸蒸日上財官雙美惟巨機多主風波三十二歲行申方入長生合於紫府昌曲武祿諸吉相照聲名遠播四十二歲後自當人和以濟高枕無憂五十二歲後權位極隆本年白虎入身垣小運行空難免奔波不寧明年壬申小運入午流年作衝必動此大放光明有所建樹時也機緣一至萬勿忽諸

今人命格

天機 天鉞 天姚 八座 台輔 天福 身主 太歲 二十六 身垣 妻妾	紫微 右弼 鳳閣 天官 天空 咸池 亡 十六 兄弟 斗君	空 命垣 初六	破軍 祿 左輔 龍池 孤辰 父母
七殺 天喜 寡宿 三十六 大運 子女	張崧年先生	癸巳四十三歲五月初二日亥時生 陰男 火六局	鈴星 三台 破碎 福德
太陽 天梁 文曲 天魁 天貴 四十六 財帛	癸亥 癸未	戊午 癸巳	廉貞 天府 地刦 紅鸞 天壽 大耗 田宅
武曲 天相 天殤 火星 刦煞 命主 五十六 疾厄	天同 巨門 羊刃 天刑 封誥 天哭 華蓋 權 六十六 遷移 小運 刦	路 貪狼 忌 地空 天使 祿存 天才 博士 七十六 奴僕	太陰 科 文昌 陀羅 天馬 恩光 天虛 八十六 官祿

命垣無正附星曜旬空坐守當以對方諸星論斷紫破左右龍池鳳閣相夾主富貴三合會有日月昌曲科權故外朗內潤而文藝增華著有哲學書籍太微賦註解所云日月不如照合也對宮巨同擎羊天刑相合主賦性孤剛饒有機鸞魁鉞加會風格峻遠尤得高人輔助之力天姚主風騷化祿拱命暗合身垣一生財祿源源總論三方堪稱有道之學初行紫微限府相來朝即主光風壽月二十六歲後官祿宮來合超遷之喜功名之慶自不待言學業進步亦肇於此借用卯方為妻妾宮主有爭剋大運入辰雖屬財權兩旺因合田宅宮廉貞大耗憂艱內傷在所難免復因紅鸞天喜與大耗相混而消財交四十六歲左右定入青雲得路有名利雙收之象大運入寅必享尊榮事業之成毫不費力自然到處歎迎晚年行丑則獲福無涯矣本年小運仍在刼路之內白虎喪門衝命垣幷小運太歲歲破衝身垣同巨羊刑天哭諸凶結黨明年天馬在寅流祿入身主有擠免驛馬變化日卯月亥蟾宮折桂

天使 天鉞 三台 封誥 孤辰 七十四 疾厄 亡	天機 鈴星 龍池 天壽 天福 八十四 財帛	紫微化權 破軍 文曲 文昌 天喜 子女	地空 天馬 天刑 鳳閣 恩光 天貴 天虛 妻妾
太陽 火星 天哭 六十四 遷移 身垣 空			天府 八座 台輔 大耗 破碎 兄弟
武曲化忌 七煞 左輔化科 天殤 天魁 天空 咸池 五十四 奴僕 斗君 傍刦			太陰 陀羅 天官 華蓋 初四 命垣
天同化祿 天梁 地刦 四十四 太歲 身主 官祿 正刦	天相 紅鸞 寡宿 三十四 田宅 大運 小運	巨門 擎羊 天姚 天才 二十四 福德	廉貞 貪狼 右弼 祿存 博士 劫殺 十四 命主 父母

壬寅三十四歲十二月二十七日寅時

陽年男命

金四局

陳叔良先生

壬寅 癸丑 癸丑 乙卯

納音庚戌釵釧金入金四局

太陰守命垣在戌太陽守身垣在辰日月並明互相照合堪稱佳善書內有云日辰月戌並爭耀權祿非淺又太陰主一身之快樂羊陀火鈴四煞互衝身命垣主財權多憂思亦主孤剋魁鉞夾身垣得貴人助日月為光明磊落之宿乃坦白無私之象惟火陀相混心性益加剛強因空亡尚能柔以濟之所美者鈴星在午生平多偏財祿存引運化祿暗合財祿無缺二十四歲大運行子巨門羊鈴忽來絢爛凡百喜慶均於無意中得之真奇遇也惟巨羊非穩重之曜難免有挫折之虞交三十四歲後紫府昌曲天鉞天相天喜紅鸞諸吉來會天日重開不但文藝有進貴人亦皆相合富貴功名無不遂心措置自能裕如也四十四歲後大運行寅入正刦雖屬勞動尚稱安妥又為官祿宮定主春風得意錦上添花樂何如之

<table>
<tr>
<td>天殤 天鉞 天喜 天空 孤辰 刦殺
五十三
奴僕</td>
<td>天機 文曲 鳳閣 天福
空
遷移</td>
<td>紫微 破軍 天使
權
亡
疾厄</td>
<td>文昌 龍池 天壽 台輔
身主
財帛</td>
</tr>
<tr>
<td>太陽 左輔 火星 天才 封誥 恩光 華蓋
科
太歲
四十三
身垣
官祿</td>
<td colspan="2" rowspan="2">壬辰四十歲正月初十日寅時生
陽男 木三局
楊近仁先生
納音壬子桑柘木入木三局
壬辰 壬寅 庚午 戊寅</td>
<td>天府 地空 天刑 咸池
子女</td>
</tr>
<tr>
<td>武曲 七煞 天魁
忌
三十三
大運
田宅
路</td>
<td>太陰 右弼 陀羅 天官 天虛
妻妾</td>
</tr>
<tr>
<td>天同 天梁 天馬 天貴 天哭
祿
二十三
福德
刦</td>
<td>天相 地刦 天姚 三台 八座 寡宿 破碎
十三
小限
父母</td>
<td>巨門 擎羊 鈴星
初三
命垣</td>
<td>廉貞 貪狼 祿存 紅鸞 大耗
命主
博士
兄弟</td>
</tr>
</table>

巨門守命垣在子為石中隱玉格主遠處榮顯內附擎羊主武職峥嶸鈴星主生平有巧得之事天機來合主性剛心慈昌曲來合主文太陽左輔化科守身垣主文藝光明有威可畏有儀可象附有火星與太陽同宮主目疾美有魁鉞相夾日月左右合身垣得高人助無凶險四煞合於身命垣無心平氣和之象大運交到二十三歲後此十年雖屬勞動而文藝增華三十三歲後入卯方紫府合於武曲七煞天魁為旺主武職權貴因有忌星同宮每有兼差事繁風浪因旁刦不展財祿稱盛四十三歲後行官祿運此十年財權雖旺飄泊難免借用官祿宮於申方文昌常掌文柄五十三歲後主持財賦所遇皆貴眞晚景之福也本年喜氣頻頻尚稱逸樂姚破亦主耗財明年壬申流羊入命垣與午方三殺相戰主動多變白虎入身垣不吉而兩層魁鉞夾身得有貴入輔助之力可無大碍小運行寅勞祿不寧寅與亥合祿馬交馳癸祿在子必見擠兌四十三歲年逢甲戌衡大小運幷身垣白虎三殺衝命垣兩限不穩非畔餘皆坦途

辛未年十二月二十日記

天機 祿存 紅鸞 封誥 天官 大耗 權 博士 命主 身垣 遷移 六十三 小運 路	紫微 擎羊 鈴星 天使 八座 空 疾厄 七十三	文曲 文昌 寡宿 科 身主 八十三 財帛 亡	破軍 地空 天馬 三台 天虛 子女
七殺 左輔 陀羅 火星 天殤 天哭 五十三 奴僕 刦	丙戌五十歲正月十七日卯時 陽年男命 木三局 李明庶先生 納音巳亥平地木入木三局	丙戌 庚寅 辛亥 辛卯	天鉞 天刑 天才 台輔 妻妾
太陽 天梁 天壽 咸池 四十三 官祿 大運			廉貞 天府 右弼 恩光 天貴 華蓋 忌 太歲 兄弟
武曲 天相 地刦 蜚池 三十三 田宅 斗君	天同 巨門 天姚 破碎 祿 二十三 福德	貪狼 鳳閣 天福 十三 父母	太陰 天魁 天喜 天空 孤辰 刦殺 三 命垣 長生

太陰守命垣在亥。爲月朗天門格。丙生人主貴。書云太陰主一身之快樂。離鄉遠處方見光明。附有天魁爲坐貴。稱孤稱貴。祿存、博士、太陽、昌曲。科權、來合。諸吉擁護。一生榮華。守身之宿。主聰明博學。孤高怡樂。天然道氣横流。交四十三歲。大運入官祿宮。日月昌曲魁鉞。互相照合。定主財權兩旺。而文藝燦爛。晚年福祿綿綿。永保無疆。乙亥流年。太歲衝身命垣。小運入刦。又遇流年天馬大耗

之鄉。主尅傷耗財。太歲合刦空。化忌入命垣。太陰不利。紅鸞天喜亦不宜。恐有波折之事。丙子小運入午方。雙擎羊與三煞太歲歲破相戰。有變化莫測之象。雙羊陀夾身垣。與遷移。受擠。丁年財喜並臨。戊寅年失事。則吉。查妻妾宮天鉞爲陰貴人。主賦性孤高。天刑主刑尅。對方太陽天梁咸池同宮。亦主尅傷。在表面看之無大尅制。豈不知命垣。太陰卽奪女星。天魁爲陽貴人。亦主孤尅。天機祿存守身垣。尤屬孤尅之宿。又遇大耗益烈。辛亥日元本年乙亥天尅伏吟。

又批

命亥宮、逢太陰、月朗天門。官祿卯宮。遇太陽。日出扶桑。會文昌文曲、均貴格。文昌又化科、爲身主、日會天魁。龍池鳳閣夾福德。科權祿照守福德。故年少登科一生以文會友。兼紫微午宮、天府戌宮。書云、紫府日月居旺地、斷定公侯器。惟木局尅納音土。命又尅身。是以後天用先天。復以先天制後天。宜其切磋琢磨、動心忍性、不厭不倦。鸞空刦耗等宿、是以生不逢時、末由大顯。非天魁臨命、必遇知音。丙生人、祿存居巳。

臨身照命。等於天祿朝垣。兼會化祿、亦終不爲人下。福德天姚、說者以爲風流。不知此星居丑、水入土鄉、尅制功深、轉成清心寡慾。書云、威猛更端嚴、文職有剛權。太陽爲官祿主、文武皆宜。正坐官祿。天刑對照。故曾閱歷陸軍。職任司法。巨門雖主是非、但土命人不以此論。居福德、亦司法之徵。財帛宮昌曲坐守、主因文得財。夾三台八座、合照日月、故能號召四方。所辦事業通行各省。天空坐命會昌曲。書云、命坐天空定出家。文星相會實堪誇。若還文曲臨身命。受蔭清閑福可嘉。昔羅念菴狀元、富貴不居、入山修道、以刦空臨命之故。劫之以誘其出塵。空之以易於悟道。元神使之、殆亦宿因使然。邱祖命中財空。不應有妻子、亦此之類。據此晚年專歸佛道、超以象外、夫復何疑。身宮天機祿存化權亦主於佛門有權。

今人命格

空 巨門 地封 地空 陀羅 天馬 天虛 三十四 子女 斗君 長生 大運	廉貞 天相 祿存 恩光 博士 二十四 妻妾	天梁 擎羊 三台 八座 天才 天壽 天哭 華蓋 化科 十四 兄弟 路	七煞 天鉞 封誥 刦煞 四歲 命垣 身
亡 貪狼 左輔 左昌 鈴星 紅鸞 大耗 化權 四十四 財帛	命垣納音壬申劍鋒金入金四局	薛子敬先生 己亥三十七歲正月初四日午時 陰年男命 金四局 己亥 丙寅 壬子 丙午	封 天同 天刑 天官 破碎 父母
太陰 天殤 火星 龍池 五十四 疾厄			武曲 右弼 文曲 天喜 寡宿 化祿 化忌 命主 福德
紫微 天府 天福 孤辰 六十四 遷移	天機 天使 天姚 身主 七十四 奴僕 小運	破軍 天魁 台輔 天貴 天空 咸池 八十四 官祿	太陽 鳳閣 太歲 田宅

七煞天鉞守身命垣在申為朝斗格局主文武兼備聰明異常福祿歡喜自不待言因落傍劫難免東奔西馳官商各界均能如意生平最好替人幫忙因天鉞入身命化忌入福德天魁入官祿所以得高人輔助之力現行大運在巳雖有是非坎坷落空亦無大碍戊寅己卯兩年中宜靜守庚辰有擠兌事或驛馬勞動交四十四歲後大運入辰定主名利齊來微有虛花之處亦屬樂境

<table>
<tr>
<td>太陽 火星 龍池 天貴 天福 天哭
化權
小限
田宅
空
正刦</td>
<td>破軍 左輔 文曲 天魁 三台 咸池 大耗
化科
身垣
官祿</td>
<td>天機 天使 天壽 恩光 天虛
奴僕</td>
<td>紫微 天府 右弼 文昌 陀羅 天喜 八座
遷移
化忌
六十三
台輔</td>
</tr>
<tr>
<td>武曲 封誥
福德
亡
旁刦</td>
<td colspan="2" rowspan="2">辛丑三十五歲三月十三日寅時
陰年男命 木三局
馬道存先生造
辛丑 壬辰 己卯 丙寅
命垣納首松柏木入木三局</td>
<td>太陰 地空 天殤 祿存 鳳閣 天宮
疾厄
博士
五十三</td>
</tr>
<tr>
<td>天同 天姚 天才
父母</td>
<td>貪狼 擎羊 寬宿
財帛
四十三</td>
</tr>
<tr>
<td>七煞 天鉞 紅鸞 天空 孤辰 刦殺
初三
命垣</td>
<td>天梁 地刦 華蓋 破碎
太歲
十三
兄弟</td>
<td>廉貞 天相 鈴星
身主
二十三
妻妾</td>
<td>巨門 天馬 天刑
化祿
命主
三十三
子女
大運
斗君</td>
</tr>
</table>

七煞守命垣在寅合有紫府爲朝斗格左右魁鉞昌曲加會文武皆貴因遷移宮陀羅化忌擾亂其中故多風波官祿宮又爲身宮多爲孤高之宿以致心性孤癖然亦道學之基所美者身垣化科主文藝聰明心性孤高破耗咸池文曲鈴星廉貞精神有盜洩之廣陰分虧損總宜靜養現行大運祿馬交馳巨門與太陽相持當有蒸蒸日上之勢火星來混偶有破敗無妨交四十三歲左右大運入戌三方來合有財權並旺名利雙收之概本年小運行巳爲田宅遇太陽則剋制陽星仍在空刦之內火星與流年天馬對方巨門離免是非奔馳四正有喜亦造因於客歲因去年紅鸞入田宅最進益者流年文昌入官祿身垣流年化科入遷移明年小運行午大耗之鄉三煞流羊太歲歲破戰於身垣白虎喪門衝命垣或見失和不安之象丙子流年廉貞化忌合身亦主苦惱事繁丁丑年流祿與流年大耗入午方有擠兌瑕瑜互是

太陽 祿存 天喜 天刑 天官 天空 孤辰 刦殺 博士 疾厄 小限 十五日子 時生變 路	破軍 擎羊 鳳閣 台輔 財帛	天機 權 子女 白虎	紫微 天府 龍池 妻妾
武曲 文曲 陀羅 華蓋 紅鸞 大耗 流年 太歲 遷移 刦	丙辰二十歲九月十三日子時生 陽年男命　木三局 王洪敘造 丙辰 戊戌 己卯 甲子		太陰 天鉞 恩光 咸池 天姚 兄弟 弔客 十九日 三煞
天同 天貴 祿 斗君 流祿 奴僕			貪狼 文昌 鈴星 天虛 身主 科 身命垣 初三
七殺 右弼 火星 天馬 八座 天才 天壽 封誥 天哭 官祿 流陀	天梁 寡宿 破碎 亡 田宅 辰時初刻見 絕命星喪門	廉貞 天相 左輔 三台 天福 命主 忌 福德 空	巨門 地刦 天魁 紅鸞 大耗 地空 寅時魂魄 已離 父母 大運 十三 太歲

靜生其字也河北省良鄉縣人生於北平葬於西郊紫竹院之東南山高阜用丙山壬向兼子午三分北有蓮溪再北爲長河直達高亮橋乃發源玉泉山西北有萬壽寺佛樓高聳叢樹繚繞頗可觀焉

貪狼文昌守身命垣在戌。魁鉞相夾。武曲文曲來合。附有鈐星爲旺。主文武兼備。靜生之爲人也。心性剛强。耿直無私。雖屬少年。舉止沉厚。老氣橫秋。好讀詩書。工山水人物。頗似清湘法。道學命理。尤其所喜。眞風流儒雅之士也。不幸限運不扶。染於時令。未至一週。竟於乙亥年正月十九日辰時。將所秉賦者。還諸天地。查其致命之由。癸酉春。即患肝旺頭暈之疾。因日元爲己卯。卯酉作衝。流年貪狼化忌。流羊入田宅。不喜在家。多動少靜。益傷肝胃。又値太陽入身命垣。大耗入官祿宮。應付書畫。心性益烈。心氣益虧。次年甲戌太歲壓身命垣。卯與戌合化忌入疾厄。小限行辰爲天羅被衝。限運即不穩。書云鈐昌羅武。限至投河。又云限至天羅地網。屈原有沉溺之殃。雖未投河。病已深入。藥亦無效。不勝爲人才痛惜。大限在亥。巨門大耗空刦非佳。交乙亥。亥卯又合。小運行巳。入刦路空亡。生年之祿。與流年之馬。被太歲歲破作衝。兩限已倒。故逍遙而去。嗚呼。壽命不永。非人力所能挽救。書云祿倒馬倒。忌太歲之合刦空。驗諸此矣。太陽限。亦主尅本身。

究其病源。實造因於壬申秋冬之間。壬祿在亥。與生年丙祿在巳。羊陀迭併。白虎喪門衝身命。武曲化忌在遷移。卽不吉也。延長兩載有餘。始終未愈。惟詩畫蒼老。益加超脫。并自知不祿。常對余言。諸多傷心厭世語。余以他意解之。而亦不能也。卽所謂巳土臨于卯位。未中年而灰心。又天元秀氣云。巳土居卯聰明智辯。考其疾厄宮。太陽主頭部疾。肝旺頭暈。合有祿存巨門。主脾胃疾而好氣。大耗空刼。勞碌奔波。火盛土焦。土不能生金。則肺虛氣虧無疑。蓋心性剛強太過者。有如斯之害。亦可憐矣。余與之徘徊年限最久。故知其詳。今竟先我而去。不知相見在於何時。特識於此。以俟將來。會晤時道及之。

<table>
<tr><td>武曲 破軍 天殤 紅鸞 大耗
化權
五十六
奴僕</td><td>太陽
化祿
六十六
遷移
刦
大運</td><td>天府 陀羅 天鉞 天使 天刑 寡宿
七十六
疾厄
路</td><td>天機 太陰 祿存 天馬 天哭
化科 博士
八十六
財帛</td></tr>
<tr><td>天同 文曲 天虛
化忌
四十六
官祿
小運</td><td colspan="2" rowspan="2">庚戌七十三歲十一月初一日子時
孔夫子仲尼
陽年男命火六局
壬戌七十三歲四月初二日壽終</td><td>紫微 貪狼 擎羊
子女</td></tr>
<tr><td>鈴星 咸池
三十六
田宅
亡</td><td>巨門 文昌 華蓋
妻妾</td></tr>
<tr><td>左輔 龍池 三台
二十六
福德
空
長生</td><td>廉貞 七煞 火星 天魁 破碎
十六
父母</td><td>天梁 右弼 鳳閣 八座
六歲
命 身
垣
斗君</td><td>天相 地刦 地空 天空 天喜 天姚 孤辰
刦煞
兄弟</td></tr>
</table>

天梁守身命在子入廟日月雙祿文曲化科博士加會右弼爲輔左輔長生落於福德經云天梁主人清秀温和形神穩重性情磊落得昌曲左右加會位至台省故爲魯司寇又云天梁太陽昌祿合臚傳第一名歌云文章有聲名天梁本爲善談道理之宿故夫子文章冠於一時幷爲後世法初行大運十六歲魁鉞紫府較佳二十六歲後左輔長生會日月祿馬本以美論惜行空亡日午落刦機月同宮又爲心地窄小之宿所遇均非其人三十六歲後仍行空亡本宮星曜不佳會合紫府天相可得貴人輔助而天府落刦旁有陀羅諸凶作難天相與諸敗同宮更無力矣反凶對宮紫貪貴宿又被擎羊沖散此運祇主餽贈四十六歲後入官祿宮當大展懷抱而化忌巨門又

爲是非不順之星五十六歲後入巳宮對方亥宮星曜不吉故主周遊列國奔馳不寧經云夫子絕糧限到天殤之內又逢大耗尤烈限行至午爲一生之美運七十三歲小運入天羅忌巨非吉又遇太歲歲破白虎入大限沖身命喪門流羊力士在子太歲流陀在戌是年三煞在亥子丑身命既弱諸凶爲迭復沖大小運是以終焉時壬戌年四月初二日斗君在子四月在卯初二日在辰五六七月未能行過貪化忌入官祿宮一生多不順利爲害非淺殤使相夾大運按此造不吉故難脫過此限也

再貪父母宮廉貞七煞主武又兼火星天魁性主勇猛故叔梁紇爲健將頗有威名兄弟宮空刦對宮破殤大耗主有傷殘若無天相恐難生存妻宮以文昌華蓋論主清高能持家政子女宮紫貪本主後嗣不旺雖有伯魚而早亡因擎羊有衝又見對宮鈴星煞重爲剋財帛爲嫡孫之宮內佈機月祿馬博士化科各吉星以是得子思繼續家風著述利於後世遷移宮太陽落於午宮雖非守命垣亦可名爲日麗天中內附化祿到處得人挹注因有刦路利多不取而歷次被侮亦因刦路爲假奴僕宮借作弟子論武破主孤主勇天殤主夭又見對方空刦孤辰刦煞多主孤苦飄泊紅鸞天喜天相天姚化權學識醇正各具所長官祿宮天同水入水庫不得發展其得力處以文曲兼對宮文昌爲生平之職責化忌與對宮巨門均主是非爭持假如官祿宮若有煞星反得威權持久決不至爲魯司冠只三月去職田宅宮鈴星咸池田園零落惟喜對宮紫貪最妙逝後爲歷朝封贈傳流永久福德宮左輔龍池三台雖然位高品尊而對宮機月祿存天馬福難實享身主奔馳化科博士皆爲文豪是以爲萬世師也

命理宣微陰陽二宅合論

紫微斗數本爲推命之書。全盤星曜。六十三位。分布於十二宮中。各有所司。雖係命理之作。然關繫於陰陽二宅。亦有所屬。故發明之。以宣其微。法以全部分論定。院內爲內局。院外爲外局。屋中爲內局。院中爲外局。又有入局不入局之分。命盤無此種星曜。事實雖近。爲不入局。必與我命中無關係。命盤有此種星曜。事實雖遠。年代未達。亦爲入局。必與我命中有關係。或發現於既往。或發現於將來。或發現於昨日。或發現於今時。或去之。離之。而復繼之。陰宅亦若是焉。凡命盤所列之星。無論城鄉山野。近則院屋四鄰。遠則數里或數十里。皆有所屬。考諸事實。其驗頗切。始敢公諸同好。而共研究也。

宅葬兩經。歷代皆有講求。而箸述之。故世人尙之廣矣。或就形勢。或取卦例。或講龍砂。或剖生尅。均有議論宏辨。若延堪輿家至三人者。各據理由。無所適從。如披此書一査。便知現得何方之氣。何方爲利。何方爲害。吉凶禍福立斷。而宅葬亦有挹注。假令有吉宅一所。兄弟四人同居。旣云吉宅。當並騰達。何有向隅者。蓋所得之氣不同。而吉凶之方亦異也。塋地亦如之。隋文帝曰。我家墓田若云不吉。我不當爲天子。若云吉。我弟不當戰死。余故曰。所得之氣不同。而吉凶之方亦異也。得凶則凶。得吉則吉。居吉則吉。居凶則凶。往凶則凶。往吉則吉。吾人當有先知之法。方能趨吉避凶。所以執此書熟習之。可消滅一切不祥。登仁壽之域。納福祿之門。貧者可以致富。賤者可以致貴。而動靜自然咸宜矣。雖牲畜之徵。亦不能離此義理也。　安星法。仍用原斗數安星訣。按本人年月日時。布齊眾星後。以子爲北。以午爲南。以卯爲東。以酉爲西。經緯旣有。八方已定。按宮審查。可知闔院各屋。以至全部分之吉凶。與各屋中所住之男女。形性善惡。及四鄰之旺弱休咎。而牲畜等類。均瞭如指掌。陰宅亦本此意。如移去或外出。雖有變動。亦不能離此大旨。無論自置。或租賃之房屋。若日久漸漸與我之命盤復合。假如有美好之宅院居住。而不得順利。蓋所住之屋。所行之門。不相宜也。若改變吉方。漸漸必佳。又如有雄厚之塋地。而不發展。蓋我瘞葬之山向。不相宜也。或外局冲破。若聚淨土以蔽之。或將山向撥調之。必然漸漸獲福。金門宅經云。得地得宮世貴名雄。失地失宮流離蒿蓬。得地失宮。有始無終。失地得宮。衣食過充。斗數之法。以宮爲房間。以地爲全宅。以宮爲山向。以地爲全塋。以宮爲陰宅。以地爲陽宅。以地爲命盤。以宮爲十二垣。皆有深意存焉。用其字面。爲此書之表裏。

陰陽二宅。以得氣爲要。得氣者昌。失氣者亡。院屋墓田。不獲日月之光。各處黑暗。樹木嚴密。而氣不流通。即爲死氣之宅。人必孤獨多病。而宅亦傾圮矣。有陰無陽不生。有陽無陰不長。陰陽之氣配合。方爲吉宅。諸事乃濟。夫天地之大。託日月爲明。一身之榮。託兩目爲光。日月能照萬物。兩目能識萬情。故陰陽二宅。至於屋內。當作如是觀。若二目不明。日月失輝。卽成衰敗之象。豈可敷衍而不顧及哉。世之父母肥。而子孫瘦。父母壽。而子孫夭者何也。必所秉之氣不同。而陰陽二宅亦如是也。

陰陽二宅。如醫生療病。無論何症。必要設法治之。若成不治之病。宜速移去。不可遲綏。遲則禍害破敗。必層見迭出。彼時再欲遷動。貧賤孤獨之象已見。而收束實難矣。

惟陰陽二宅不吉。必有不吉之處。一閱此書之指定。而我便知。既知之後。可防患於未然。并免行運坎坷。較醫生有先知之妙。自治之方。勿使延岩遲而不能治之時也。觀夫天道有變。地道有變。人道亦有變。故發明斗數之精微。以洞明人道之變。天道地道。神而明之。亦貫澈其中矣。天有五行。地有五行。人有五行。而人日日所接近者。又爲五行。故一院之中。一屋之內。皆有所屬。如桌櫃箱匣書畫鏡鐘。沐首之盆。貯水之缸。墻壁所懸。地面所列。及一切應用等物。若心領神會。智人自能超悟也。執此書於左右。人人皆可自考陰陽二宅。以何方爲吉。何方爲凶。而吾個人現得何方之氣。何方土脈。何方水法。查從前現在。及將來。有何變動。一覩此盤。吉凶立判。代人看。雖不赴該處。實地查驗。即以該人命盤斟酌旺弱。現得何方氣脈。受何方牽制。與運限有何種關係。是吉是凶。應如何調理趨避之。應如何年年補修之。勿使殘破。而取康平。此書之法。較他寬廣敏捷。雖數百里之遠。千萬里之遙。一閱命盤。不但陰陽二宅。如在目前。即內外局一切隱情。亦難藏匿。講習精神學者。亦可作一研究資料云耳。

地理書云。尋龍容易。點穴難。又云三年尋龍。十年點穴。若按此書。用亡者之命盤。或長子之命盤。查水源。測土脈。審明吉凶之垣。應坐應向。立辨得失。山向既得。點穴亦易。何用躭延時日。再推吉宮。以貽後人。若有坎坷不平。當修補之。或見內局不吉。沖陷等病。外局不淨。破碎等病。卽用客土培墊之。或聚高土遮避之。使其勿見其破。而觀其淨。若强作形勢。貪其朝對。弄巧或拙。爲害匪淺。陰陽二宅。當以藏風聚氣爲要。天地之範。不外乎八卦。八卦無全吉。五行無定位。利於彼。而害於此。萬難十全。犬牙相錯。難得其眞象。而益於吾個人者，尤難純吉無凶。不過取其大醇小疵而已。大凡北省之地。平陽最多。缺少河道。是故地面眞水。平陽難得。雖得之。亦未必入我命中。爲我所有。故不及地脈之氣。氣者地氣也。地脈足則有氣。升騰最速。百日後。立見影響。若知地脈之氣。則用此書審查。卽知旺於何方。流行何方。眞象既知。取之不盡。用之不竭。而天地之良好精華。於斯可得。此爲天地自然之氣。非人力强使之者可比。若表面布卦例。講五行。用人力造作。決不能使天然之氣。爲我所得。此書係取自然之方。得自然之氣。而葬之居之。何愁不發。

陽宅如有五層三層等類。卽以命盤之方位。再推開一層。或二層。至三四層。或將該層所居之人命盤考查。亦可。如有東院。卽以寅卯辰推出。丑巳兼用。其西南北三方各院亦按此法。一室之中。則縮小之。是以放之則彌六合。卷之則退藏於密。其味無窮。皆實學也。玩索而有得焉。假如院內南房前偏東。有樹一株。雖係南方。若縮小之。亦爲東南。可以東南論。其他如此類推。槪不備載。　諸星有吉凶旺弱之分。如紫微天府太陽左輔天梁魁鉞。其次武曲天相祿科權爲吉星。在旺宮。或吉多。皆可居葬。七煞破軍太陰地空地刼天馬天姚咸池大耗刼路空亡羊陀火鈴四煞。皆不宜坐向。吉凶相混。複雜不純。不可居葬。凡十二宮見四煞之一。皆爲沖破之方。流年羊陀亦爲沖論。生年三煞不可葬。以防流年再迭。流年太歲歲破白虎喪門吊客之方宜避。羊陀相夾之方。不可居葬。以防流年相迭。果然純吉亦可微錯。變化用之。其他仍遵曆書。較爲愼重。

命理宣微陰陽二宅諸星所屬吉凶總論

紫微　其色紅黃、或赤紅。主有寬厚誠實之人。或富戶充裕之家。與高阜、土地、土坡、土嶺、山頭、山坡、丘陵、及高人之坟墓、磚窰、街門、房屋、或見微高之平原等類。皆爲入局。主慈宜靜。以吉論。加煞爲冲。半吉。

天機　其色青黃、或青黑。主有爭持計較之人。或謹慎辛勤之家。與樹木、森林、電杆、橋木、破屋、露骨、及後窗、樓窗、立木、燈杆、木牌、木棚、堆積柴草、機械、農具、編織器具等類、皆爲入局。有榮枯之別。吉凶之分。

太陽　其色紅黃、或赤紅。喜動。主有剛强爭競之人。富足隆盛之家。與高阜、嶺崗、丘陵、坟墓、及微凸突出高起等類、皆爲入局。以吉論。有冲爲破。半吉。落陷失輝。與見煞主孤苦。陽光太過亦不吉。入酉戌亥子丑各宮。以院屋墻壁物品均屬黑暗斷。

武曲　其色青黃、或青白。主有性剛心直之人。或商業富足武職孤寡之家。與廟宇、僧道、寺塔、坟墓、高樓、山石、高屋、山墻、土山、烟筒、孤坟、及突然而立之物、皆爲入局、以吉論。

天同　其色黃白、或青黃。主有文武流合之人。積蓄小康之家。與水道、溝渠、井泉、水坑、湖灘、山澗、及江海大小之河。或低窪之地方、等類。皆爲入局。以半吉論。

廉貞　其色紅黃、或青黃。主有善言舌辯諂佞妒婦之人、時常口角之家。與樹木、森林、柴草、籬障、瓦礫、荊棘等類、及院落房舍、堆積破爛各物、土山土塊、小廟財神樓皆爲入局。有吉凶之分。

天府　其色紅白、或黃白。主有爭權奪利之人、來財甚旺之家。有不持久之憾。與高聳之峯、山頭、土山、土崗、及微高之土地、牌坊、房山等類。皆爲入局。以吉論。加煞爲冲。半吉。

太陰　其色紅黑、或青白。喜靜。主有奔波遠行之人、忽起忽落之家。與水坑、水池、水道、澤溪、湖海、江河、井泉、葦塘、及山澗、溝渠、水淀、下窪、微凹、微低、及漸低一片之土地、院屋牆物黑暗等類、皆爲入局。有吉凶之分。失輝孤苦半吉。亦主樹木、因有陰也。晴則不吉。孤獨多病。

貪狼　其色青黃、或青白。主有性鄙貪取之人、辛勤勞動之家。與衙署、吏役、商賈、樹木、森林、電杆、立木、船隻、几案、及公共處所。房簷、椽木、堆積柴草、破爛物品、院屋不淨、或有青白色蒼茫遠地一片、皆爲入局。有榮枯之分、吉凶之別。

巨門　其色青黑、或青黃。主有搬弄是非之人、口角爭鬬之家。與水溝、水道、天溝、窗門、井橋、破墻、豁口、道口、小道、小門、夾道、土山、土崗、地邊、各殘破往下流水、及火車經過之鐵橋、烟筒、吉星樓等類。皆爲入局。以凶論。

天相　其色紅黃、或青白。主有調停多管經商流合之人、與水道、水坑、河水、澗水、流來之水、與他水會合交流、及箱匣木器之類。皆爲入局。以半吉論。

天梁　其色黃白、或青黃。主有文武耐勞之人、耿直孤獨口舌相爭剋妻之家。與土坡、土山、土嶺、沙隴、孤坟、及微高之土地、皆爲入局、有旺弱之分。

七煞　其色紅黃、或青黃。主有刑傷剛强之人、孤獨商賈武職之家。與山石、山頭、廟宇、高樓、寺塔、坟墓、墻角、房角、獸頭、房脊、高處、花瓦、缺陷、殘破、公共處所、樓窗等類、皆爲入局。有吉凶之分。

破軍　其色青黑或青黃。主有勞碌不寧破面孤獨商賈文武游移漂泊之人。與大坑河道、江湖、河海、灘溪、聚水、下窪、破爛、磚石、順水流行、或堆積殘破、房簷如簑衣、破墻、水缸、地面不整、破局破大門、破山、破敗之家、或先破後成、先成後破、與破敗之院落、草蕭、猪羊屠宰各生意、菜市、小市、如水面一片之土地等類、皆爲入局、有吉凶之分。

左輔　其色黃白或青白。主有謹慎辛勤之人、經商有業之家、與高坡、土山、土墓、及徽高之土地、房舍、廢基、皆爲入局。有吉凶之分。

右弼　其色青黑或黃黑。主有心小勞碌操持家務之人。與水道、水溝、小河、流水、豁口井泉不旺、味苦、水坑、水缸、溝眼、水壺、筒盂等類。皆爲入局。有旺弱之分。

文曲　其色青黑、或青黃。主有文士手藝孤苦之人、與喜金石文玩讀書之家。衙署、學校、水坑、水道、水池、地面微凹之處、微低之坡。皆爲入局。有旺弱之分。

文昌　其色青白或黃白。主有性直心獨之人。與文廟學校及讀書之家。善於書畫、敬惜字紙、書肆、土崗、土坡、等類。皆爲入局。有旺弱之分。

地刦　其色紅黑或青黃。主有奔馳勞動被屈身矮之人。與短墻、猪圈、地崗、分隴、阡陌、隔斷、爐坑、土坑、院屋、坟墓、地面坎坷不平、堆積磚石汚土等類。皆爲入局。不吉。

地空　其色青黑或青黃。主有勞碌不寧僧道走亡之人、或有被陷者、罷官失事、及地面坎坷、大小土坑、爐坑、下窪之處、濠溝、水溝、地窖、地窯、猪圈、煤窰、土井、水井、空地、空院、等類。皆爲入局。非吉。

天殤　其色紅黃或青黑。主有疾病破敗之人。與殘破不完整之地方。或見孤寡、傷殘、官非、喪亡、破敗之家。入於奴僕宮。則奴僕多病內傷虛耗者。皆爲入局。會吉半凶。

天使　其色青黃或紅黑。主有竊取苟且之人。與被人主動被竊嫌疑、厠所、廢地、廢物、及一切虐待、貪圖、喪亡、破敗、遺失、强硬、携走物件、等類。入於奴僕宮、則奴僕有侵主倚勢之人。皆爲入局非吉。

天魁　其色紅黃、或青黃。主有心直口快、性急出頭、露面能事多管之人。與碑樓、亭臺、山崗、山坡、土嶺、坟墓、茂盛之樹木、土地巍峨之山石、雄壯映目之類。皆爲入局。以純吉論、見煞爲冲。次吉。

天鉞　其色紅黃、或黃白。主有忠厚、心慈性緩、善言、濟困扶危、操勞堅忍之人。與微高之土地、山坡土崗、及清靜之地方、孤獨之人、他家坟墓園林、佳宅等類、皆爲入局。以吉論。見煞力弱、或私情淫佚。

祿存　其色青黃、或紅黃。主有孤獨富足、惜財刻薄辛勤之人。與土崗、土坡、高阜、及微高之土地、坟墓、窖墩、等類。皆爲入局。有旺弱之分。

擎羊　其色青白、或青黑。主有奸滑是非傷殘破面飄泊之人。離散之家。與隔斷之墻壁、大小之道路、及义路兩分之房地、地邊、豁口山坡之分水嶺、水車胡同、翦道等類、生死別離皆爲入局。不以吉論。

陀羅　其色青白、或青黃。主有心性狡滑殘傷破面之人。與隔斷之墻垣、道途、甬路、殘缺、不齊不整、破敗之處、磚灰砂石之墓、兩分之地邊、破爛磚石、磏磨起坟分家析產、等類皆爲入局。非吉。

火星　其色紅黑、或青紅。主有性情暴烈、孤獨傷殘、陰毒破面、離散覬覦之人、與廟宇廟基、山尖山頭、道途、僧道、坟墓、寺塔廟墻、火爐等類。皆爲入局、不吉。

鈴星　其色青紅、或青黃。主有孤獨敏慧。性急心多。眼疾殘傷之人。與墻房之磚瓦、鎗眼、溝眼、窗櫺、透亮之處。及玲瓏寺塔廟脊。皆爲入局。有吉凶之分。

天馬　其色紅白或紅黃。主勞動心緒不寧、走亡在外之人。與夾道中厠、道途、地邊徽低、地角缺殘、牲畜之棚、車門、漏屋、馬道。或苦守操勞之家。破敗之處殘破之物。皆爲入局。有吉凶之分。

紅鸞　其色紅白、或青黃。主有浮華流蕩他方之人。與喜慶團聚歡合之事。及水坑、水池、水道、魚缸等類。皆爲入局。有吉凶之分。會大耗因紅鸞而傷財。

天喜　其色紅白、或黃白。主有直爽流合他方孤獨之人。與水窪、水溝、水道。及喜慶團聚歡騰之事。皆爲入局。有吉凶之分。

天姚　其色紅黃或紅黑。主有直爽風流飄蕩、學識術士私情等人。與地溝、暗溝、水坑、水道、厠所之類。及各種土井。皆爲入局。有吉凶之分。

天刑　其色紅白、或靑黃。主有文武勞動商賈。孤獨、僧道、官役、傷殘、帶疾之人。與被罪、走亡、官非、及牢獄、當鋪、刀剪、石塊等物。皆爲入局。有吉凶之分。

三台　其色靑黃或靑白。主有耿直心實之人。與亭臺、樓閣、山門、房舍、堦石、坟墓、山坡、土崗、凡三列之勢。皆爲入局。以吉論。

八座　其色黃白、或靑黃。主有爽快心善之人。與樓臺、殿閣、亭榭、及土山、土坡、影壁、宮門、坟墓、等類。凡八字之勢。皆爲入局。以吉論。

龍池　其色紅白、或紅黃。主有英才伶俐之人。與水道、水泉、水井、坑池。及徽高之土地、一切雕梁、樓臺、殿宇、水榭、池塘、魚缸、之類。皆爲入局。以吉論。

鳳閣　其色紅黃、或青白。主有文雅錦繡之人。與門樓、宮門、牌樓、碑樓、山土之嶺、雕樑、畫棟、雞窩、鴿窩之類。皆爲入局以吉論。

天才　其色青黃或黃白。主有性情直爽多才多藝之人。與坟墓、高臺、土山、土坡、山頭、樹林、書閣、書案、雕樑、等類。皆爲入局以吉論。

天壽　其色青紅或青黃。主有直率忠厚。勞動年高之人。與土山、土坡、高阜、山頭、等類。皆爲入局以吉論。

台輔　其色紅黃或黃白。主有文人高士正直之人。與高阜、土坡、土巔、及徽高之土、地亭臺、磚塔等類。皆爲入局以吉論。

封誥　其色黑黃或黃白。主有幹練藝術之人。與亭臺高坡、土山、土崗、碑樓、牌坊、整齊之處。皆爲入局以吉論。

恩光　其色紅黃或黃白。主有耿直磊落、多才多藝、風流、濟急利物之人。與廟宇、土阜、慈善各地方、玻璃、文具、等類。皆爲入局以吉論。

天貴　其色青黃或青白。主有厚重直爽孤獨之人。與土阜、亭臺、文雅、玩物、等類。皆爲入局。以吉論。

天官　其色黃白或青黃。主有直率謹愼安逸失職之人。與丘陵、廟宇、隱然光華者。皆爲入局。以吉論。

天福　其色紅白或黃白。主有心急性直。多動多管之人。與道邊之土坡、土崗、土山、及房舍、等類。皆爲入局。以吉論。

天哭　其色紅黃或青黃。主有孤獨、失業失職、死亡貧苦之人。與磚瓦、後窗、殘破爛物、悲哀之事。皆爲入局非吉。

天虛　其色紅黑或青黃。主有孤獨、困苦、失事敗業、之人。與高處之物、空虛之家、夾道、空屋、後窗、各種殘破等類。皆爲入局。以凶論。

孤辰　其色青黃或青黑。主有孤寡殘疾飄流之人、或敗絕孤苦之家。與坟墓、丘陵、孤樹、孤峯、亭塔、之類。孤立之物。皆爲入局。有吉凶之分。

寡宿　其色青黑或紅黃。主有孤孀、死絕、殘疾、辛勤勞碌、工藝之人、與空地、空屋、坟墓之類。凡敗氣之處皆爲入局。非吉。

劫煞　其色青黃或紅黑。主有性急心很、破敗散財、掣肘牽動之人。與階石、門坎、土岡、阡陌、殘破地面、不平之處。皆爲入局不吉。

華蓋　其色紅黃或青紅。主有孤寡、心直口快自立之人。與亭臺、牌坊、廟宇、坟塔、房舍、及旛傘之形勢儀仗、門樓、等物、樹木、土崗、等類。皆爲入局半吉。

咸池　其色紅黃或青黃。主有心直性急、散財離祖、浮蕩虛花、孤獨破產之人。私情淫褻之事。與厠所、水坑、水道、堆積破爛物件、及不潔之處、或書畫鏡臺之類。皆爲入局。不吉。

大耗　其色紅黃或青黑。主有僧道孤寡、暗消破敗之人家。與大院、空地、大坑、柴草、殘破房門、敝棚、煤堆、荒廢地方、堆積破爛農器、編織等具、厠所、猪圈、皆爲入局。不吉。

破碎　其色青黃或青黑。主有勞碌不寧孤苦之人。煩瑣之事。與殘破地方。磚瓦、石塊、柴草木料、堆積破爛繁雜等類、皆爲入局。不吉。

天空　其色紅黃或青白。主有孤寡性獨游移之人。與遠望水面、樓閣亭臺、塔寺、房舍、山峰、雲岫、樹稍、高樹、天燈、無線電桿、鐘樓、吉星之樓、空地、空院、夾道、高大之房舍破處、能見天日、等類。皆爲入局。有吉凶之分。

化祿　其色黃白或青黃。主有蓄財、職業操勞之人。與土坡、岡嶺、及微高之土地、皆爲入局。以純吉論。

化權　其色青黃或黃白。主有立業經營操勞之人。與樹木森林、屋舍木器等類、皆爲入局。以純吉論。

化科　其色青白或青黃。主有聰明英才。風月飄蕩。文士手藝之人。與水坑、水泉、水源、文具、等類。皆爲入局。以吉論。

化忌　其色青黑或青黃。主有是非、多管性急心躁多病之人。與溝眼、水道、暗溝、水坑、水池、天溝、等類。皆爲入局。以凶論。

空亡　其色青黑或青黃。主有孤苦勞碌、疑是疑非、心懸兩地之人。與道途隔斷、河道夾道。空院、空地、空屋、坑窪、缺殘、皆爲入局。有吉凶之分。

截路　其色青黑或青黃。主有奔馳不展、勞碌不寧、抑鬱不舒、謹慎惜財、木訥面善之人。與道途間斷、河道、坑坎阡陌、土坑、土台、爐台、缺殘遮蔽等類。皆爲入局。非吉。有正傍之分。

陰陽二宅應見土色法

人多知衡水之輕重。而不知各處土量。亦有輕重之分。氣脈自不同也。色亦有異焉。雖一塊之土。半畝之田。其色自有殊別。况地宮爲息壤。乃太古坤元之厚載。滔天東流。始現大地。決塞淤泥。每據爲龍砂。復經歷代之變遷。水冲沙壓。土物相雜。舊墓亂塚。年湮久平。或房廟傾圮之丘基。或磚瓦取土之坑窰。已屬洩氣之所。何可再卜宅兆。是以爲人置宅圖墓。以避禍求福者。尤當審查以上地勢。人多知以水爲財。其不知容水氣者。當以土爲要。八方土地肥滿。亦主財。卽有土此有財之說也。

若執命盤。按定方位。則東南西北四圍既明。取出田宅宮。作全宅之基地看。卽按該宮星曜以全盤按方斷之。論斷土色。及其他應見各星。將此田宅一宮取出。置諸中央。而關乎全部也。亦關乎全部四面較詳者也。比如該地南北長五丈。東西寬五丈。以面積十丈見方。分爲十二宮。復以十二宮。按星詳細論斷。設如東方卯宮是紫微貪狼二星。應見青紅色之土。土脈滋潤。在此字上作葬口。以我爲尊。而財祿充裕。往前數尺。則得貴人擁護矣。若向之亦佳。倘附有煞星。卽以冲論。必見黑砂土質一層。或一片瓦礫石塊亦難免也。假如紫微在午。內無複雜。子方亦純。再有吉星擁護。定能富貴必矣。其他星曜。均以此意旨而推測之。考其旺弱。自然透地無疑。凡各宮中有星多複雜。諸煞迭見者。不但土色不純。而地亦不潔。譬如遍身瘡痍。人瘠色焦。有何良好氣脈。非星純地潔。氣圓土潤。不能致富致貴。黃土雖爲色之正。斷不可拘泥。學者精心研究。應驗無窮。以上所言。倘有深意存焉。

諸星所屬土色表

紫微紅黃或赤　天機青黑無氣枯乾　太陽紅黑或赤　武曲青黃或青白
天同黃白或青白　廉貞紅黃或紅黑不純　天府黃白或青黃　太陰黃黑或青黑或見水
貪狼青白氣散　巨門青黑　天相青黃　天梁黃白
七煞青黃或紅黃　破軍青白或青黃　左輔黃白或青白　右弼青黑
文曲青黑或黑砂土　文昌青白　地劫黑黃石砂　地空青黃流砂或見他物
化祿青黃　化權青黑　化科青黃　化忌青白或見水
天殤青黑無氣土雜　天使青黑無脈土雜　天魁紅黃　天鉞黃白
祿存青黃　羊刃青黑石砂　陀羅青白石砂　火星青紅石砂
鈴星紅黃蜂窩　天馬青白流砂土虛不純　紅鸞青紅　天喜紅黃
天姚青黑見水洩氣孤獨　天刑青黃砂石孤剋　三台青黃　八座青黃
龍池青白　鳳閣青白　天才青黃　天壽青黃

台輔 青黃	封誥 青黃	恩光 青白	天貴 青黃
天官 青黃	天福 青黃	天空 青黑	天哭 青黑 無脈敗土
天虛 青白 無脈敗土	孤辰 青白 無氣絕土	寡宿 青黑 無氣絕土	刦煞 青黑 有刦土刦氣
華蓋 青黃 破碎	咸池 青紅 荒砂洩氣	大耗 青黑不純 瓦礫荒砂破爛	破碎 青黑 砂石瓦礫
正截 青黑	傍截 青黃	空亡 青白	

除用命盤參考兩宅外。如遇新宅院。新墓田。亦可用占課法卜之。則盡知其詳細矣。身垣亦作陰陽兩宅看。因吾身所置之地方也。箇人有箇人之宅體。如太陰守身垣。其所住之房屋。多爲陰暗。其所葬之地方。多爲低窪。或見水。及最濕潤。與氣不流通之地方。太陽守身垣者。其所居之房屋。多喜高大。其所葬之地方。必屬高阜。擎羊多在道邊。或墓之左右發現道途。及電桿砂石之類。陀羅多見殘破石塊砂石。火星多近廟基及磚窰。或向之。鈴星多遇沙土。或浮厝。地空地刧。地內多有舊墓。及地崗殘物之類。天同天相多被移動。破軍大耗多爲亂塚。其他各星。皆有所屬。祇在詳考。占

課亦可用此判斷。

今年天運乙亥。陽宅居住東房。多不順利。正東之門亦然。當見死亡疾病遷移脫離詞訟等事。因流祿官符居卯合酉方弔客三煞。并合亥方太歲未方白虎之故。寅辰流陀流羊大耗紅鸞。或因紅鸞而消財。如婦女生育嫁娶染病等事。不過有輕重之分耳。雖云大利南北。而丑未之方喪門白虎居住造葬亦爲不祥。

丙子年太歲在子。三煞歲破流羊力士五黃在午。正南北之房屋。居之較凶。丁丑戊寅己卯三年。東南之方位居之吉凶不一。再參以命盤較爲詳細。

陳叔良先生。生於光緒二十八年壬寅十二月二十七日卯時。陽年男命金四局。曾稱佳城在保陽。用壬山丙向。兼子午三分。按命盤詳查。巨門擎羊坐子。此方衝破。天機在午。南方亦多枯乾之象。並無朝照。故不利於次門。祖墓亦不安。燕侶四人。陳公居三。二兄已故。東方一派較高。所以長門稱旺。三門四門。得未方紫破。及天府之美。有意外之財。因破軍同宮。過則有破。酉方天府爲助。大耗同宮。亦非全美。將來申方一帶入局。定主吃虧。按命盤看。申方爲妻妾宮。妻宮有尅。酉宮作長兄宮看。申宮可作二兄宮看。故有辭世之憾。以子女宮作四弟宮看。至午方天機。對方巨門擎羊衝破。則無第五位矣。此飛星之妙。活看之法。亦可考驗。其他各宮皆可以活盤運用之。

陳兄印榮黼。字叔良。浙江嘉善人。僑居河北保定。任開源礦業公司總理。爲得月山房主。因太陰守命垣。故名。素喜斗數之譚。或爲希夷先生同一宗派。亦未可知。

薛子敬先生。生於己亥年正月初四日午時。寶城在右安門外鎮國寺南五里餘。據稱子山午向兼丙三分。坐空朝滿。以東北艮方來龍爲長生。西北戌方爲水庫。余按命盤詳較。參以事實。該地子方坐空。延長至西北一帶。皆大窪下。爲破軍之水。主出外。咸池水主孤獨。貽害次門。並各門。東北高阜。即紫微天府也。長門初旺。正東偏北。爲戒烟所之義地。高中有窪。東北角亦窪。即爲太陰火星。即主亂塚與該所也。東南青龍之首。坎坷不平。小道小水溝。及微低之土地。即巨門地刦地空陀羅天馬也。各門皆不利。正南爲向上。在正塋之外。皆大窪下。有坟墓數座。一片叢樹。即祿存廉貞也水自西而東流。卽天相也。前面之氣。大不充暢。被下窪之樹所刦。無外明堂之可言。西南遠處巍峨之龍崗。漸漸低平。向本塋地而來朝。爲七煞。正西之低與窪。爲天同。貽害三門。武曲爲西北之磚窰。按全塋論斷。青龍之首落陷。白虎之方高大。難免婦女爭權。剝雜起於內室。若撥調山向。坐紫府而向七煞。或坐七煞而向紫府。前有相宜之照。後有綿遠之靠。或坐七煞向正北遠處之高崗亦可。此高崗爲命盤上亥方太陽之土也。以武曲文曲之磚窰爲活巽方之文峰。定主財祿文明之象。其正西之餘地。墊平爲要。各門可無貽害之處。薛公身命垣。亦得寅申兩方之美。及子方之天魁土也。惟天魁主孤貴。原以成方一帶低窪爲財庫。不知散財破家傷丁飄泊。皆此之害。況成方及正北一帶大窪下。主壽祿不永。父子無情。尅妻刑子。祖業難承。按該地坐落一帶之地方。約有數十里。多爲砂土之山崗山嶺。高低不一。不能純以平陽看法。當參以山地看法較妥。若不速爲整頓。撥調山向。將來後世子孫。身命運限。皆隨此爲轉移。殊難補救矣。

占筮類			
1	擲地金聲搜精秘訣	心一堂編	沈氏研易樓藏稀見易占秘鈔本
2	卜易拆字秘傳百日通	心一堂編	
3	易占陽宅六十四卦秘斷	心一堂編	火珠林占陽宅風水秘鈔本
星命類			
4	斗數宣微	【民國】王裁珊	民初最重要斗數著述之一；未刪改本
5	斗數觀測錄	【民國】王裁珊	失傳民初斗數重要著作
6	《地星會源》《斗數綱要》合刊	心一堂編	失傳的第三種飛星斗數
7	《斗數秘鈔》《紫微斗數之捷徑》合刊	心一堂編	珍稀「紫微斗數」舊鈔
8	斗數演例	心一堂編	秘本
9	紫微斗數全書（清初刻原本）	題【宋】陳希夷	斗數全書本來面目；有別於錯誤極多的坊本
10-12	鐵板神數（清刻足本）——附秘鈔密碼表	題【宋】邵雍	無錯漏原版　秘鈔密碼表　首次公開！
13-15	蠢子數纏度	題【宋】邵雍	蠢子數連密碼表　打破數百年秘傳　首次公開！
16-19	皇極數	題【宋】邵雍	清鈔孤本附起例及完整密碼表　研究神數必讀！
20-21	邵夫子先天神數	題【宋】邵雍	附手鈔密碼表　研究神數必讀！
22	八刻分經定數（密碼表）	題【宋】邵雍	皇極數另一版本；附手鈔密碼表
23	新命理探原	【民國】袁樹珊	子平命理必讀教科書！
24-25	袁氏命譜	【民國】袁樹珊	
26	韋氏命學講義	【民國】韋千里	民初二大命理家南袁北韋
27	千里命稿	【民國】韋千里	
28	精選命理約言	【民國】韋千里	北韋之命理經典
29	滴天髓闡微——附李雨田命理初學捷徑	【民國】袁樹珊、李雨田	命理經典未刪改足本
30	段氏白話命學綱要	【民國】段方	民初命理經典最淺白易懂
31	命理用神精華	【民國】王心田	學命理者之寶鏡

32	命學探驪集	【民國】張巢雲	發前人所未發　稀見民初子平命理著作
33	澹園命談	【民國】高澹園	
34	算命一讀通——鴻福齊天	【民國】不空居士、覺先居士合纂	
35	子平玄理	【民國】施惕君	
36	星命風水秘傳百日通	心一堂編	
37	命理大四字金前定	題【晉】鬼谷子王詡	源自元代算命術
38	命理斷語義理源深	心一堂編	稀見清代批命斷語及活套
39－40	文武星案	【明】陸位	失傳四百年《張果星宗》姊妹篇　千多星盤命例　研究命學必備
相術類			
41	新相人學講義	【民國】楊叔和	失傳民初白話文相術書
42	手相學淺說	【民國】黃龍	民初中西結合手相學經典
43	大清相法	心一堂編	重現失傳經典相書
44	相法易知	心一堂編	
45	相法秘傳百日通	心一堂編	
堪輿類			
46	靈城精義箋	【清】沈竹礽	沈氏玄空遺珍　玄空風水必讀
47	地理辨正抉要	【清】沈竹礽	
48	《玄空古義四種通釋》《地理疑義答問》合刊	沈瓞民	
49	《沈氏玄空吹虀室雜存》《玄空捷訣》合刊	【民國】申聽禪	
50	漢鏡齋堪輿小識	【民國】查國珍、沈瓞民	失傳已久的無常派玄空經典
51	堪輿一覽	【清】孫竹田	
52	章仲山挨星秘訣（修定版）	【清】章仲山	章仲山無常派玄空珍秘　門內秘本首次公開　沈竹礽等大師尋覓一生末得之珍本！
53	臨穴指南	【清】章仲山	
54	章仲山宅案附無常派玄空秘要	心一堂編	
55	地理辨正補	【清】朱小鶴	玄空六派蘇州派代表作
56	陽宅覺元氏新書	【清】元祝垚	簡易·有效·神驗之玄空陽宅法
57	地學鐵骨秘　附　吳師青藏命理大易數	【民國】吳師青	釋玄空廣東派地學之秘
58－61	四秘全書十二種（清刻原本）	【清】尹一勺	玄空湘楚派經典本來面目　有別於錯誤極多的坊本

62	地理辨正補註　附　元空秘旨　天元五歌　玄空精髓　心法秘訣等數種合刊	【民國】胡仲言	貫通易理、巒頭、三元、三合、天星、中醫
63	地理辨正自解	【清】李思白	公開玄空家「分率尺、工部尺、量天尺」之秘
64	許氏地理辨正釋義	【民國】許錦灝	民國易學名家黃元炳力薦
65	地理辨正天玉經內傳要訣圖解	【清】程懷榮	秘訣一語道破，圖文并茂
66	謝氏地理書	【民國】謝復	玄空體用兼備、深入淺出
67	論山水元運易理斷驗、三元氣運說附紫白訣等五種合刊	【宋】吳景鸞等	失傳古本《玄空秘旨》《紫白訣》
68	星卦奧義圖訣	【清】施安仁	三元玄空門內秘笈　清鈔孤本 過去均為必須守秘不能公開秘密 與今天流行飛星法不同
69	三元地學秘傳	【清】何文源	
70	三元玄空挨星四十八局圖說	心一堂編	
71	三元挨星秘訣仙傳	心一堂編	
72	三元地理正傳	心一堂編	
73	三元天心正運	心一堂編	
74	元空紫白陽宅秘旨	心一堂編	
75	玄空挨星秘圖　附　堪輿指迷	心一堂編	
76	姚氏地理辨正圖說　附　地理九星并挨星真訣全圖　秘傳河圖精義等數種合刊	【清】姚文田等	蓮池心法　玄空六法 門內秘鈔本首次公開
77	元空法鑑批點本——附　法鑑口授訣要、秘傳玄空三鑑奧義匯鈔　合刊	【清】曾懷玉等	
78	元空法鑑心法	【清】曾懷玉等	
79	曾懷玉增批蔣徒傳天玉經補註【新修訂版原（彩）色本】	【清】項木林、曾懷玉	
80	地理學新義	【民國】俞仁宇撰	揭開連城派風水之秘
81	地理辨正揭隱（足本）　附連城派秘鈔口訣	【民國】王邈達	
82	趙連城傳地理秘訣附雪庵和尚字字金	【明】趙連城	
83	趙連城秘傳楊公地理真訣	【明】趙連城	
84	地理法門全書	仗溪子、芝罘子	巒頭風水，內容簡核、深入淺出
85	地理方外別傳	【清】熙齋上人	巒頭形勢、「望氣」「鑑神」
86	地理輯要	【清】余鵬	集地理經典之精要
87	地理秘珍	【清】錫九氏	巒頭、三合天星，圖文並茂
88	《羅經舉要》附《附三合天機秘訣》	【清】賈長吉	清鈔孤本羅經、三合訣法圖解
89－90	嚴陵張九儀增釋地理琢玉斧巒	【清】張九儀	清初三合風水名家張九儀經典清刻原本！

占筮類			
121	卜易指南（二種）	【清】張孝宜	民國經典，補《增刪卜易》之不足
122	未來先知秘術——文王神課	【民國】張了凡	內容淺白、言簡意賅、條理分明
星命類			
123	人的運氣	汪季高（雙桐館主）	五六十年香港報章專欄結集！
124	命理尋源	【民國】徐樂吾	民國三大子平命理家徐樂吾必讀經典！
125	訂正滴天髓徵義		
126	滴天髓補註　附　子平一得		
127	窮通寶鑑評註　附　增補月談賦　四書子平		
128	古今名人命鑑		
129-130	紫微斗數捷覽（明刊孤本）[原（彩）色本]　附　點校本　（上）（下）	馮一、心一堂術數古籍整理編校小組　整理	明刊孤本　首次公開！
131	命學金聲	【民國】黃雲樵	民國名人八字、六壬奇門推命
132	命數叢譚	【民國】張雲溪	子平斗數共通、百多民國名人命例
133	定命錄	【民國】張一蟠	民國名人八十三命例詳細生平
134	《子平命術要訣》《知命篇》合刊	【民國】鄒文耀、【民國】胡仲言撰	《子平命術要訣》科學命理；《知命篇》易理皇極、命理地理、奇門六壬互通
135	科學方式命理學	閻德潤博士	匯通八字、中醫、科學原理！
136	八字提要	韋千里	民國三大子平命理家韋千里必讀經典！
137	子平實驗錄	【民國】孟耐園	作者四十多年經驗　占卜奇靈　名震全國！
138	民國偉人星命錄	【民國】囂囂子	幾乎包括所民初總統及國務總理八字！
139	千里命鈔	韋千里	失傳民初三大命理家-韋千里　代表作
140	斗數命理新篇	張開卷	現代流行的「紫微斗數」內容及形式上深受本書影響
141	哲理電氣命數學——子平部	【民國】彭仕勛	命局按三等九級格局、不同術數互通借用
142	《人鑑——命理存驗·命理擷要》（原版足本）附《林庚白家傳》	【民國】林庚白	傳統子平學修正及革新、大量名人名例
143	《命學苑苑刊——新命》（第一集）附《名造評案》《名造類編》等	【民國】林庚白、張一蟠等撰	史上首個以「唯物史觀」來革新子平命學結集
相術類			
144	中西相人探原	【民國】袁樹珊	按人生百歲，所行部位，分類詳載
145	新相術	【美國】宇拉克福原著、【民國】沈有乾編譯	通過觀察人的面相身形、色澤舉止等，得知性情、能力、習慣、優缺點等
146	骨相學	【民國】風萍生編著	結合醫學中生理及心理學，影響近代西、日、中相術深遠
147	人心觀破術　附運命與天稟	【日本】管原如庵、加藤孤雁原著，【民國】唐真如譯	觀破人心、運命與天稟的奧妙

148	《人相學之新研究》《看相偶述》合刊	盧毅安	集中外大成，無不奇驗；影響近代香港相術名著
149	冰鑑集	【民國】碧湖鷗客	各家相法精華、相術捷徑、圖文並茂附名人照片
150	《現代人相百面觀》《相人新法》合刊	【民國】吳道子輯	失傳民初相學經典二種　重現人間！
151	性相論	【民國】余晉龢	民初北平公安局專論相學與犯罪專著（犯罪學生物學派）
152	《相法講義》《相理秘旨》合刊	韋千里、孟瘦梅	命理學大家韋千里經典、傳統相術秘籍精華
153	《掌形哲學》附《世界名人掌形》《小傳》	【民國】余萍客	圖文并茂、附歐美名人掌形圖及生平簡介
154	觀察術	【民國】吳貴長	可補充傳統相術之不足
堪輿類			
155	羅經消納正宗	【明】沈昇撰、【明】史自成、丁孟章合纂	失傳四庫存目珍稀風水古籍
156	風水正原	【清】余天藻	●積德為求地之本，形家必讀！
157	安溪地話（風水正原二集）		●純宗形家，與清代欽天監地理風水主張大致相同
158	《蔣子挨星圖》附《玉鑰匙》	傳【清】蔣大鴻等	窺知無常派章仲山一脈真傳奧秘
159	樓宇寶鑑	吳師青	陽宅風水必讀、現代城市樓宇風水看法改革
160	《香港山脈形勢論》《如何應用日景羅經》合刊		香港風水山脈形勢專著
161	三元真諦稿本——讀地理辨正指南	【民國】王元極	被譽為蔣大鴻、章仲山後第一人　內容直接了當，盡揭三元玄空家之秘
162	三元陽宅萃篇		
163	王元極增批地理冰海　附批點原本地理冰海	【清】高守中　【民國】王元極	
164	地理辦正發微	【清】唐南雅	極之清楚明白，披肝露膽
165－167	增廣沈氏玄空學　附　仲山宅斷秘繪稿本三種、自得齋地理叢說稿鈔本（上）（中）（下）	【清】沈竹礽	玄空必讀經典！附《仲山宅斷》幾種鈔本及批點本，畫龍點晴、披肝露膽，道中刊印本未點破的秘訣
168－169	巒頭指迷（上）（下）	【清】尹貞夫原著、【民國】何廷珊增訂、批注	圖文并茂：龍、砂、穴、水、星辰九十九變　洩漏天機：蔣大鴻、賴布衣挨星秘訣及用法
170－171	三元地理真傳（兩種）（上）（下）	【清】趙文鳴	蔣大鴻嫡派真傳張仲馨一脈二十種家傳秘本、宅墓案例三十八圖，並附天星擇日
172	三元宅墓圖　附　家傳秘冊		
173	宅運撮要	【民國】尤惜陰（演本法師）、榮柏雲	撮三集《宅運新案》之精要
174	章仲山秘傳玄空斷驗筆記　附　章仲山斷宅圖註	【清】章仲山傳、【清】唐鷺亭纂	無常派玄空不外傳秘中秘！二宅實例有斷驗及改造內容
175	汪氏地理辨正發微　附　地理辨正真本	【清】蔣大鴻、姜垚原著、【清】汪云吾發微	蔣大鴻嫡派張仲馨一脈三元理、法、訣具體泄露　三百年來最佳《地理辦正》註解！石破天驚！
176	蔣大鴻家傳歸厚錄汪氏圖解	【清】蔣大鴻、【清】汪云吾圖解	
177	蔣大鴻嫡傳三元地理秘書十一種批注	【清】蔣大鴻原著、【清】汪云吾、【清】劉樂山註	

178	《星氣(卦)通義(蔣大鴻秘本四十八局圖并打劫法)》《天驚秘訣》合刊	題【清】蔣大鴻 著	江西興國真傳三元風水秘本
179	蔣大鴻嫡傳天心相宅秘訣全圖附陽宅指南等秘書五種	【清】蔣大鴻編訂、【清】汪云吾、劉樂山註	蔣大鴻徒張仲馨秘傳陽宅風水「教科書」！
180	家傳三元地理秘書十三種		真天宮之秘 千金不易之寶
181	章仲山門內秘傳《堪輿奇書》附《天心正運》	【清】章仲山傳、【清】華湛恩	直洩無常派章仲山玄空風水不傳之秘
182	《挨星金口訣》、《王元極增批補圖七十二葬法訂本》合刊	[民國]王元極	秘中秘——玄空挨星真訣公開！字字千金！
183-184	《家傳三元古今名墓圖集附謝氏水鉗》《蔣氏三元名墓圖集》合刊(上)(下)	(清)孫景堂，劉樂山，張稼夫	蔣大鴻嫡傳風水宅案、幕講師、蔣大鴻、姜垚等名家多個實例，破禁公開！
185-186	《山洋指迷》足本兩種 附《尋龍歌》(上)(下)	【明】周景一	風水巒頭形家必讀《山洋指迷》足本！
187-196	蔣大鴻嫡傳水龍經注解 附 虛白廬藏珍本水龍經四種(1-10)	【清】蔣大鴻編訂、【清】楊臥雲、汪云吾、劉樂山註	蔣大鴻嫡傳一脈授徒秘笈 希世之寶 千年以來，師師相授之秘旨，破禁公開！完整了解蔣氏嫡派真傳一脈三元理、法、訣！附已知最古《水龍經》鈔本等五種稀見《水龍經》
197	批注地理辨正直解	【清】章仲山	無常派玄空必讀經典未刪改本！
198	《天元五歌闡義》附《元空秘旨》(清刻原本)		
199	心眼指要(清刻原本)		
200	華氏天心正運	【清】華湛恩	
201-202	批注地理辨正再辨直解合編(上)(下)	【清】蔣大鴻原著、【清】姚銘三再註、【清】章仲山直解	失傳姚銘三玄空經典重現人間！名家：沈竹礽、王元極推薦！
203	章仲山注《玄機賦》《元空秘旨》附《口訣中秘訣》《因象求義》等九種合刊	【清】章仲山	近三百年來首次公開！ 章仲山無常派玄空秘密，和盤托出！章仲山注《玄機賦》及章仲山原傳之口訣及筆記
204	章仲山門內真傳《三元九運挨星篇》《運用篇》《挨星定局篇》《口訣篇》等合刊	【清】章仲山、柯遠峰等	
205	章仲山門內真傳《大玄空秘圖訣》《天驚訣》《飛星要訣》《九星斷略》《得益錄》等合刊	【清】章仲山、冬園子等	
206	撼龍經真義	吳師青註	近代香港名家吳師青必讀經典
207	章仲山嫡傳《翻卦挨星圖》《秘鈔元空秘旨》 附《秘鈔天元五歌闡義》	【清】章仲山傳、【清】王介如輯撰	透露章仲山家傳玄空嫡傳學習次弟及關鍵不傳之秘
208	章仲山嫡傳秘鈔《秘圖》《節錄心眼指要》合刊		
209	《談氏三元地理大玄空實驗》附《談養吾秘稿奇門占驗》	【民國】談養吾撰	史上首次公開「無常派」下卦起星等挨星秘密之書
210	《談氏三元地理濟世淺言》附《打開一條生路》		了解談氏入世的易學卦德爻象思想
211-215	《地理辨正集註》附 《六法金鎖秘》《巒頭指迷真詮》《作法雜綴》等(1-5)	【清】尋緣居士	集《地理辨正》一百零八家註解大成精華 匯巒頭及蔣氏、六法、無常、湘楚等秘本 史上最大篇幅的《地理辨正》註解
216	三元大玄空地理二宅實驗(足本修正版)	【民國】尤惜陰(演本法師)、榮柏雲撰	三元玄空無常派必讀經典足本修正版